C.H.BECK WISSEN

in der Beck'schen Reihe

Giotto gilt als Erfinder des Naturstudiums in der Malerei. Er hat die Wiedergabe des Raums und die Darstellung von Emotionen revolutioniert. Den Zeitgenossen ermöglichten seine Bilder, die christlichen Glaubensinhalte auf beinahe mystische Weise zu erleben. Schon früh in Italien und darüber hinaus bekannt, hatte sein Werk einen kaum zu überschätzenden Einfluß auf die Geschichte der europäischen Kunst. Giotto ist auch der erste Künstler, über den man genug weiß, um sein Leben und Werk zusammenhängend schildern zu können. Michael Viktor Schwarz, einer der besten Giotto-Kenner, erzählt vom Wirken des Malers zwischen Rom und Assisi, Padua, Florenz und Neapel und beschreibt die innovative Kraft sowie die fesselnden Effekte seiner Bilder.

Michael Viktor Schwarz ist Professor für Kunstgeschichte an der Universität Wien. Er ist Autor eines dreibändigen Standardwerks zu Giottos Leben, Werk und Wirkung.

Michael Viktor Schwarz

GIOTTO

Verlag C. H. Beck

Mit 37 Abbildungen, davon 18 in Farbe

Originalausgabe

Satz: Fotosatz Reinhard Amann, Aichstetten
Druck und Bindung: Druckerei C. H. Beck, Nördlingen
Umschlagabbildung: Die Vision des Bruders Agostino und des Bischofs von Assisi (ca. 1320), Detail, Florenz, Santa Croce, Bardi-Kapelle, © Scala Art Archives
Umschlagentwurf: Uwe Göbel, München
Printed in Germany
ISBN 978 3 406 58248 6

www.beck.de

Inhalt

I. Jugend und Ausbildung

Sein Schaffen liegt rund sieben Jahrhunderte zurück und gehört zu den folgenreichsten Ereignissen in der (Kunst-)Geschichte Europas. Damit ist Giotto († 1337) nicht nur ein besonders wichtiger, sondern auch der erste Künstler, über den genug Zusammenhängendes bekannt ist, daß man nach dem Muster ‹Leben und Werk› über ihn schreiben kann. Allerdings kommt zum Wissen viel Nicht- und Scheinwissen hinzu. Vier Versionen gibt es von seiner Jugend und Ausbildung, drei erzählte und eine, die sich in zufällig erhaltenen Urkunden abzeichnet. Jede steht für einen anderen Lebensentwurf und eine andere Vorstellung von Künstlertum. Es empfiehlt sich, mit den Erzählungen zu beginnen, lassen sie doch erkennen, wie die Erinnerung an Giotto von Krusten aus Ideologie, Mythos, Wunschdenken und Flunkerei bedeckt ist. Aber auch für sich gesehen sind diese Ablagerungen interessant: Sie zeigen die westliche Kultur im Wandel und nicht weniger wechselhaft ihren Blick auf die eigene Vergangenheit.

Die älteste Erzählung, niedergeschrieben gegen Ende des 14. Jahrhunderts, also 50 bis 60 Jahre nach seinem Tod, stellt Giotto als Kind eines Florentiners vor, das sich nicht in die väterlichen Pläne fügt, sondern bei dem Maler Cimabue Atelierluft schnuppert:

Und der Vater, so sagt man, hat ihn in die Wollweberzunft gegeben. Doch jedesmal, wenn er in die Werkstatt gehen sollte, setzte er sich statt dessen in die Werkstatt des Cimabue. Als dann der Vater den Weber, dem er den Jungen als Lehrling anvertraut hatte, fragte, wie er sich denn mache, soll dieser geantwortet haben, es sei lange her, daß er sich habe blicken lassen. Schließlich fand der Vater heraus, daß er bei den Malern herumsaß, wohin die Natur ihn zog. Auf Cimabues Rat hin nahm er ihn aus der Wollweberzunft und ließ ihn mit Cimabue malen.

Was ist der Anlaß der Geschichte? Der Autor, den die Philologen den *Anonimo Fiorentino* (den «unbekannten Florentiner») nennen, will die Leser informieren, wer Giotto und Cimabue waren. Die Passage stammt aus einem Kommentar zu Dantes *Göttlicher Komödie*, jenem notorisch der Kommentierung bedürftigen Großgedicht, das Hunderte von historischen Figuren bevölkern, und soll das Verständnis der folgenden drei Verse erleichtern (*Purgatorium* XI, 94–96):

> Cimabue wähnte sich auf dem Feld der Malerei
> Unschlagbar, doch hat jetzt Giotto den Applaus,
> Und der Ruf des anderen verliert an Glanz.

So häufig die Terzine zitiert wird, so häufig werden die Verse überinterpretiert: Der Wortlaut läßt weder auf eine persönliche Bekanntschaft zwischen den beiden Malern noch auf eine besondere Wertschätzung Giottos durch Dante schließen. Genaugenommen spricht nicht einmal Dante selbst, sondern er legt die Worte dem Buchmaler Oderisio in den Mund, dem er bei seiner Wanderung durch das Fegefeuer begegnet. Oderisio läßt sich zuerst über Buchmaler aus, dann über Maler (Cimabue und Giotto), um endlich bei einem für Autor und Leser der *Commedia* lohnenden Thema anzukommen, Erfolg und Ruhm der Dichter: Guido Guinizelli wurde von Guido Cavalcanti überflügelt (wie ein Buchmaler vom anderen und wie Cimabue von Giotto); beide aber wird ein weiterer großer Poet in den Schatten stellen. (Wer sollte gemeint sein, wenn nicht Dante?) Die Verse sagen demnach nur: Es gab vor Giotto schon einen erfolgreichen Maler, der in der Publikumsgunst von Giotto abgelöst wurde, und nach Giotto wird noch mindestens einer kommen und dann den Beifall ernten. Die Sätze entwerfen ein so fortschrittsgläubiges wie melancholisches Bild vom Lauf der Welt.

Erst der *Anonimo Fiorentino* – und neben ihm noch ein zweiter Dante-Kommentator des späten 14. Jahrhunderts, der sogenannte *Falso Boccaccio* (der «falsche Boccaccio») – behauptet, Cimabue sei für Giotto mehr als ein älterer Konkurrent gewesen. Anders als die früheren Kommentatoren sahen sich diese

Autoren gefordert, Hintergrundinformationen anzubieten. Im Fall Giottos nannten sie berühmte Auftraggeber oder Werke. Was den damals praktisch schon vergessenen Cimabue angeht, so taucht als einzige zusätzliche Angabe das Lehrer-Schüler-Verhältnis auf – ersichtlich eine Improvisation. Der *Falso Boccaccio* beschränkt sich auf einen Satz, der *Anonimo* erzählt die wiedergegebene Anekdote.

Die zweite Jugendgeschichte Giottos, die für Jahrhunderte alle andere Überlieferung verdrängen sollte, wurde nach weiteren 50 bis 60 Jahren, im mittleren 15. Jahrhundert, von dem Florentiner Bildhauer, Goldschmied und Humanisten Lorenzo Ghiberti aufgezeichnet. Jetzt ist Giotto der Sohn eines armen Mannes namens Bondone, der in dem Dorf Vespignano im Mugello unweit Florenz lebt: Eine Ausbildung erhält er nicht, vielmehr hütet er Schafe und vertreibt sich die Zeit, indem er eines auf eine Steinplatte zeichnet. Cimabue aus Florenz kommt des Weges und bestaunt das Ergebnis. Er spricht mit dem Vater. Da der seinem Sohn nur eine Zukunft in Armut zu bieten hat, nimmt ihn der Maler mit. Aus dem Jungen wird dann der überragende Künstler nicht etwa, weil Cimabue ihn viel zu lehren gewußt hätte (er folgt laut Ghiberti einem veralteten Kunstideal – davon später), sondern weil der Junge alles, worauf es ankam, schon in sich trug.

Auch hier lohnt es sich, nach dem Zusammenhang zu fragen. Es handelt sich um Buch II der *Kommentare* Ghibertis. Darin gibt der Autor einen persönlich gefärbten Überblick über die Kunst von der Zeit Kaiser Konstantins bis zu seinem eigenen Schaffen. Die Erzählung eröffnet den Abschnitt über Giotto, mit dessen Werken für Ghiberti die Kunst der Malerei «wiedergeboren» wurde und jene große Tradition ihren Anfang nahm, in der er sich selber sah. Später sprach man von der Renaissance. Rhetorisch nähert sich der Text der Kindheitsgeschichte Christi an: Es geht um den Messias der Kunst, dessen Erscheinen eine Epoche im Zeichen der Gnade einleitet. Wenn die Figuren gegenüber dem Dante-Kommentar Kontur gewonnen haben, heißt das aber nicht, daß Ghiberti Zugang zur historischen Wahrheit hatte. Was Cimabues Lehrer-Rolle angeht, so vertraute er vermutlich dem damals verbreiteten *Falso Boccaccio*.

Demgegenüber scheint er die Figur des Vaters, vom Namen abgesehen, seiner eigenen Biographie entnommen zu haben. Ghiberti besaß einen Großvater, der als Landarbeiter im Sieve-Tal – und wenn nicht im unteren Sieve-Tal, dann im fruchtbaren oberen, im Mugello – sein Leben gefristet hatte. Ghiberti hätte einen anderen Großvater mütterlicherseits vorgezogen, vor allem einen aus der Florentiner Mittelschicht. Zu dem tatsächlichen Großvater (d. h. zur Herkunft seiner Mutter aus der Unterschicht) hat er sich 1444 nur unter gerichtlichem Druck bekannt, und selbst da fiel kein Name. So fragt es sich, wie viel von seiner Erzählung die prekäre Herkunft Ghibertis verarbeitet und jenem Florentiner Zunft-Establishment ein Schnippchen schlägt, das auf Enkel von Landarbeitern herabsah, während es Giotto zu seinen Helden zählte.

Was die Hauptfigur selbst angeht, so stammen wesentliche Züge aus einer Geschichte, die im Mailand der Jahre um 1400 aufgeschrieben worden war. Der Humanist Uberto Decembrio berichtet in seinem Traktat *De Republica* über den Maler Michelino da Besozzo, er habe als Kind, noch bevor er sprechen konnte, Ameisen und kleine Tiere gezeichnet; erfahrene Künstler hätten die Resultate bestaunt. Kontexte dieser Erzählung sind zum einen der Diskurs über künstlerische Frühbegabung, zum anderen die detailverliebte Malerei der sogenannten Internationalen Gotik, zu deren Vertretern der erwachsene Michelino gehörte – Bezüge, die für Ghiberti weitgehend bedeutungslos waren. So durften in seiner Fassung der Erzählung das Kind älter und die Tiere größer sein. Darüber hinaus lohnt ein Vergleich der Szenerien: Das Geschehen wird nicht einfach aus der Stadt auf das Land verlegt (in die ärmliche Lebenswirklichkeit von Ghibertis Großvater). Vielmehr ruft das Hirtenleben des Jungen die Vorstellung von Arkadien wach, jener geistigen Landschaft Theokrits und Virgils, die im 14. Jahrhundert von den italienischen Dichtern wiederentdeckt und zu Ghibertis Zeit in den Werken Boccaccios und Petrarcas populär war. Es ist jene Kunstwelt, in der die gleichzeitig naturhaft ursprüngliche und hohe Kunst des Hirtengesangs gepflegt wird. Ähnlich hat man sich nach der Erzählung wohl die Kunst des jungen Giotto zu denken.

Ghibertis Erzählung übernahm der Künstlerbiograph Giorgio Vasari, ohne viel zu ändern, lediglich mit Ausschmückungen versehen, in die zweite Auflage seiner Künstlerviten (1568). So fand sie Verbreitung und wird bis heute oft für bare Münze genommen. Zuvor, in der ersten Auflage (1550), hatte Vasari eine Variante verwendet, die eigenständig genug ist, um als eine dritte Version von Giottos Kindheit zu gelten. Wieder grasen unweit Vespignano die Schafe, kommt Cimabue des Weges, heißt der Vater Bondone. Mit Ghibertis Giotto-Vater verbindet diesen aber kaum mehr als Name und Wohnort. Vasari beschreibt Bondone 1550 als außerordentlich tüchtig. Nicht nur betätigte er sich erfolgreich in der «Kunst der Landwirtschaft», sondern er produzierte auch Werkzeug aus Eisen, ja erreichte darin, ohne es gelernt zu haben, ein professionelles Niveau. Man liest und versteht: Dieser Bondone war eine Art Giotto, dem nie ein Cimabue erschienen ist. So bietet der Autor dem Publikum mit der Gestalt des Vaters eine Erklärung für das Ereignis von Giottos Künstlertum an. Erst als er die erweiterte Auflage vorbereitet, wird Vasari klar, daß Ghibertis Text, wenn man ihn richtig liest, nicht Fragen aufwirft, sondern ein Programm formuliert.

Vergleicht man Giottos Jugendgeschichten miteinander, so zeichnen sich Positionen in einem mit langem Atem geführten Gespräch der Florentiner Gesellschaft ab, was Künstlertum sei: Am Anfang, beim *Anonimo Fiorentino*, steht wenig spektakulär die von der Neigung des jungen Helden geleitete Entscheidung gegen das eine Handwerk (Wollweberei) und für ein anderes (Malerei). Dann, bei Ghiberti, vor dem Hintergrund humanistischer Vorstellungen von Kunst und Wendezeit (wie sie ähnlich bei den Renaissance-Vordenkern Filippo Villani und Matteo Palmieri nachzulesen sind), ist die Malerei eine Gabe der Natur, aus der sich eine messianische Rolle ableitet: Giotto und die Natur erlösen die Kunst aus jener kulturgeschichtlich illegitimen Situation, die mit dem Ende der Antike eingetreten war – man nannte sie später Mittelalter. Nach 100 Jahren wird diese Position zunächst dem gesunden Menschenverstand geopfert: An die Seite der Natur stellt Vasari (1550) eine kreative und handwerklich versierte Vatergestalt, ohne die er sich eine entsprechende Entwicklung des Jungen nicht vorstellen kann. Erst danach schwenkt er auf den ideologischen Gehalt von Ghibertis Geschichte ein, deren Plot die Realität auszublenden erlaubt.

Die Urkunden geben Umrisse einer Jugend, in der manches Motiv aus diesen Geschichten wiederkehrt. Daher können die erzählten Jugenden helfen, die dokumentierte zu verstehen. Der historische Vater, der wirklich Bondone hieß (der Name ist breit überliefert), war Schmied und lebte in Florenz. Urkunden über einen Schmied Bondone, der als Vater des Malers in Frage kommt, sind seit über einem Jahrhundert bekannt, aber erst vor kurzem fanden sich Dokumente, die wirklich Giotto als Sohn eines Schmiedes Bondone bezeichnen (*Giottus filius quondam Bondonis fabri* – so notierte 1320 besonders gründlich ein Notar die Personalien seines Klienten: «Giotto, Sohn des verstorbenen Schmiedes Bondone»). 1260 nahmen Bondone und sein Bruder (Giottos Onkel) an der Schlacht von Montaperti teil, und mindestens Bondone hat die blutige Niederlage des Florentiner Heeres überlebt. Sie fochten unter den Mobilgemachten aus dem Stadt-Sechstel San Pancrazio. Spätere Quellen lassen erkennen, daß Bondones Wohnsitz einerseits zu San Pancrazio, andererseits zur Pfarrei von Santa Maria Novella gehörte. Neben Giotto hatte er noch mindestens einen Sohn. Er hieß Martino, war wohl der ältere und folgte dem Vater im Schmiedeberuf nach. Daß Giotto zu einem Wollweber in die Lehre geschickt wurde, wie es der *Anonimo Fiorentino* will, ist vor diesem familiären Hintergrund denkbar, zumal in Bondones Nachbarschaft Weberinnen lebten und der Maler später in der Wollindustrie Geld anlegte. Das Zusammentreffen belegt trotzdem nicht, daß der Dante-Kommentator über entsprechende Informationen wirklich verfügt hat, sondern zeigt nur, wie nahe in der Textilmetropole Florenz das Motiv lag, mit dem er die Verbindung zwischen dem Jungen und dem berühmten Maler hergestellt hat.

Ob Giotto in der Stadt selbst geboren wurde, ist durch die Dokumente nicht gesichert. Das von Ghiberti genannte Dorf Vespignano kommt durchaus in Frage, denn die Familie kann über ländlichen Grundbesitz verfügt haben. Was in der Florentiner Oberschicht die Regel war, wird auch unter wohlhabenden Leuten aus dem Kleinbürgertum (*Populo minuto*) vorgekommen sein. Aus dem 15. Jahrhundert ist bekannt, daß fast das gesamte Florentiner Umland im Besitz von Städtern war. Und in der Tat wissen wir, daß sich Giotto ab 1315 oft in oder bei Vespignano aufgehalten hat und dort Grundstücke sowie ein Haus besaß. Sofern er dieses Anwesen nicht selbst aufgebaut hatte, war es von den Eltern übernommen.

Wichtiger als die Frage, ob er nun in der Stadt oder auf dem Land, im Arno-Tal oder zwischen den Hügeln des Mugello zum ersten Mal das Licht erblickte, ist die Einsicht, daß er aus einer städtischen Handwerkerfamilie stammte. Das Hintergrundgeräusch seiner Kindheit war nicht das Blöken von Schafen, sondern das Klingen der Hämmer. Diese Feststellung berührt sich mit Vasaris Jugendgeschichte von 1550, wo der Verfasser einen autodidaktisch gebildeten Metallurgen in Ghibertis arkadische Welt einschleust. Sicher haben aber auch in diesem Fall keine Informationen über den tatsächlichen Bondone vorgelegen, vielmehr paßte Vasari, selbst Handwerkersohn, die Erzählung in seine eigene Erfahrungswelt ein, die sich von jener, in der Giotto groß geworden war, noch wenig unterschied: Kunst hatte mit Technik zu tun, und der Techniker schlechthin war der Schmied, dessen Kompetenzen nur ganz verstanden hat, wer Schritt für Schritt erklären kann, wie man aus einem Barren Eisen und einigen Säcken Holzkohle einen Schlüssel und ein Schloß, ein Schwert und einen Helm oder einen Packen Nähnadeln macht.

Cimabue taucht in den Urkunden nicht auf, dafür ein anderer Maler: Als Giottos Bruder, der Schmied Martino di Bondone, 1295 heiratet und er und sein Vater beim Notar die Mitgift entgegennehmen, unterschreibt als Zeuge (und Freund, so wird man annehmen) der Maler Vanni di Duccio. Werke haben sich nicht erhalten, aber als Person ist Vanni greifbar: Er war Mitglied des Malerzweigs der Florentiner Ärzte- und Apothekerzunft (in dieser Form waren die Florentiner Maler ab ca. 1315 organisiert). Im Mitgliederverzeichnis von 1320 führt sein Name unmittelbar hinter dem Giottos die Liste an. Als Giotto schon berühmt war, spielte er also immer noch eine herausgehobene Rolle in der Zunft. 1313 fungierte er als Kassier der mächtigen Laudesi-Bruderschaft, was auf erhebliches Ansehen deutet. Vanni kommt als Giottos früher Lehrer sicher in Frage. Wichtiger als zu spekulieren, ob er es nun wirklich war, ist allerdings die Feststellung, daß die Familie von Bondone und Martino offen war für Bekanntschaften mit Vertretern anderer Handwerke und eben auch einem Maler. Ein ans Wunderbare grenzendes Ereignis, wie das von Ghiberti erzählte, brauchte es nicht, damit der junge Giotto die Malerei oder ein Maler ihn entdecken konnte. Diese Überlegung entspricht den Einsichten der Sozialgeschichte: Wie der Historiker Peter Burke gezeigt hat, stammte das Gros der italienischen Künstler des 14. bis 16. Jahrhunderts aus städtischen Handwerkerfamilien. Eine Karriere kann leicht mit der Frage begonnen haben, ob der Junge nun besser Schmied, Weber oder Maler würde. Der in der Regel handwerkliche Familienhintergrund der Künstler ist die Realität, die von der humanistischen Kunstideologie und den Mythen der Renaissance verdeckt wird.

Das Jahr von Giottos Geburt kennen wir nicht. Es ist viel spekuliert worden, woher die seit Vasaris Künstlerviten kursierenden Daten 1276 (so in der zweiten Auflage) und 1267 (so in der ersten Auflage) kommen. Auf den ersten Blick spricht mehr für die Jahreszahl 1267, denn sie scheint durch die Florentiner Reimchronik des Antonio Pucci gesichert. Der sagt, Giotto sei 1336 gestorben (1337 nach moderner Zeitrechung, d. h. bei einem Jahresbeginn im Januar statt im März), und zwar im siebzigsten Jahr seines Lebens. Die Frage ist dabei aber, ob «70» zumal in einem poetischen Text nicht einfach für das «biblische Alter» steht (Psalm 89,10): «Unser Leben währet 70, wenn's hoch kommt 80 Jahre.» Dante rechnete ein Menschenleben pauschal mit 70 Jahren. Vor allem darf man zweifeln, ob Giotto selbst sein Geburtsjahr gekannt hat. Taufregister kamen erst im

15. Jahrhundert auf. Schriftlich festgehalten wurde eine Geburt in der Regel also nicht, und bestimmt nicht in einer Familie des *Populo minuto*. Giottos Eltern werden sich an Ereignisse erinnert haben, die mit seiner Geburt zeitlich mehr oder weniger zusammenfielen. Daß sich diese Berichte für den Sohn und seine Freunde an eine Jahreszahl geknüpft hätten, ist aber unwahrscheinlich.

Demnach ist auch nicht wirklich klar, in welchem Alter Giotto gewisse für einen jungen oder angehenden Maler spektakuläre Ereignisse miterlebt hat: Das eine war, daß 1292 ein am Kornmarkt von Orsanmichele angebrachtes Marienbild Wunder zu wirken begann. In der Folge führte dies zu einer ersten Vertrauenskrise zwischen der Bevölkerung der Stadt und den neuen Orden, den Dominikanern und den Franziskanern (Minoriten). Während für viele Florentiner das Bild in den Mittelpunkt ihrer religiösen Vorstellungen rückte, taten die Mönche und Brüder alles, um den ausufernden Kult zu unterbinden. Ein dem Guido Orlandi gewidmetes Sonett des Guido Cavalcanti beschreibt die Situation. In der Übersetzung von Geraldine Gabor und Ernst-Jürgen Dreyer klingt es fast wie von Heinrich Heine:

Zu einem Bildnis der Madonna fleht
Die Menge, Guido, in Orsanmichele,
Das schön von Antlitz, würdevoll und stet
Zuflucht und Port ist für des Sünders Seele.

Wer sich vor ihm erniedrigt, wird erhöht
Mit um so reicherm Trost, je mehr ihm fehle:
Krankheiten fliehn, Besessenheit vergeht,
Und sehend wird das Aug in blinder Höhle.

Sie heilt das schlimmste Weh auf offnen Plätzen;
Mit Ehrfurcht knien die Leute in Gebet,
Die Leuchter um das Bildnis niedersetzen.

Doch wie die Kunde auch ins Weite geht –
Die Minoriten nennens einen Götzen:
Aus Mißgunst, daß es nicht bei Ihnen steht.

Ob der junge Giotto auf Seiten der wundergläubigen Florentiner stand oder die Position der theologischen Bedenkenträger nachvollzog, kann niemand wissen. Daß ihm die Vorgänge ein Lehrstück über die Rolle von Malerei und die Praktiken von frommem Bildgebrauch boten, liegt aber auf der Hand.

Das andere Ereignis trug sich 1285 auf Veranlassung der von den Dominikanern geförderten Laudesi-Bruderschaft zu, die Aufstellung von Duccios sogenannter Madonna Rucellai in der Kirche Santa Maria Novella (Abb. 7). Zwar war das Bild des Sienesen nicht wundertätig, den Florentinern muß es vor dem Hintergrund der ihnen gewohnten Bildwelt aber wie ein Wunder an Präsenz und Schönheit erschienen sein. Daß es schon als überwältigend konzipiert war, zeigt seine Übergröße (450 x 292 cm), die keine italienische Madonnentafel mehr übertraf. Die Pfarrei von Santa Maria Novella war, wie wir hörten, die Heimat von Bondones Familie, später lebte auch Giottos Familie dort. Wir haben allen Grund anzunehmen, daß diese Sozialisation für den Maler und noch für seine Kinder von Bedeutung war (s. u.). So dürfte Duccios Madonna nicht nur einfach einen wichtigen Teil von Giottos künstlerischer Erfahrung ausgemacht haben, ihr Anblick und die von den Laudesi vor dem Bild gesungenen Hymnen haben seinen Weg als Christ und Maler über Jahrzehnte begleitet.

Das dritte Ereignis war die Fertigstellung der Kuppelmosaiken im Florentiner Baptisterium, das mehr als nur die bischöfliche Taufkirche, nämlich das kommunale Heiligtum der Florentiner war. Zum gewaltigen Bild des Jüngsten Gerichts traten im Auftrag der Calimala, der Zunft der Tuchhändler und Bankiers, in den neunziger Jahren vier Zyklen mit jeweils fünfzehn Bildern. Das gedankliche Zentrum war die Lebensgeschichte des Kirchen- und Stadtpatrons Johannes, der Christus bei der Geburt und im Martyrium vorangegangen war. Die wichtigsten beteiligten Künstler waren Cimabue, Giottos angeblicher Lehrer, und Corso di Buono, der 1295 als Rektor der damals noch selbständigen Malerzunft belegt ist. Da kein Dante diesen Maler erwähnt hat, war er für Jahrhunderte vergessen – zu Unrecht. Er war ein Erzähler von Rang, der seinen Hauptfiguren so etwas wie tragische Würde mitzugeben verstand. Heute werden die Mosaiken wenig beachtet, damals aber entstand mit ihnen sowohl der finanziell aufwendigste als auch der umfangreichste erzählerische Zyklus zwischen Rom und Venedig. Schwer vorstellbar, daß die Mosaiken für Giotto je ganz aufhörten, ein Maßstab zu sein.

2. Der Kurie zu Diensten

Das früheste Datum, das wir für ein Werk Giottos besitzen, ist 1298 für die Navicella, das riesige Mosaik, das einstmals das Atrium der alten Peterskirche in Rom zierte. «Das Schifflein des heiligen Petrus ließ er [Kardinal Stefaneschi] im Jahr 1298 aus feinem Mosaik von dem hochberühmten Maler Giotto machen», so zitiert um 1620 der Arzt und Kunstkenner (Kunstberater, würde man heute sagen) Giulio Mancini aus einem Gedenkbuch in lateinischer Sprache, das im Umfeld der Kanoniker von St. Peter zusammengestellt worden sein muß. Während die Auftraggeberschaft Stefaneschis durch eine ganze Reihe von Quellen bezeugt ist, findet sich die Jahreszahl nur an dieser Stelle. Nackt, wie sie dasteht, ist sie doch so zuverlässig wie ein Großteil der zum Werk Giottos überlieferten Fakten und muß also ernstgenommen werden.

Es ist demnach davon auszugehen, daß Giotto eine frühe Karriereetappe in Rom zurückgelegt hat und dort als Konkurrent nicht zu Cimabue, sondern zu den großen Mosaizisten Pietro Cavallini und Jacopo Torriti auftrat, die gleichfalls Auftraggeber aus der Kurie bedienten und die alten Basiliken mit neuen Bildern bereicherten. Und in diesen Zusammenhang fügt sich auch Giottos frühe Tätigkeit für San Francesco in Assisi ein: Wenn der geheimnisvolle Isaak-Meister, Maler revolutionärer Fresken (Abb. 8, 9), mit dem jungen Giotto identisch ist (eine nach wie vor plausible Position, die Millard Meiss 1960 brillant begründet hat), dann war Giotto dort ein Künstler, der sich gerade unter künstlerisch spektakulären Umständen aus einem von Jacopo Torriti geleiteten oder diesem Meister mindestens nahestehenden Atelier löste. Dabei arbeitete er in einer Kirche, deren Funktion die einer päpstlichen Palastkirche war und bezog sein Honorar mit großer Wahrscheinlichkeit von oder über den Kardinal Matteo Rosso Orsini, der die päpstlichen Interessen in Assisi vertrat und der ein Onkel des Kardinals Stefaneschi war. Leider ist nicht erkennbar, wie Giotto in relativ jungen Jahren an diese so vielversprechende Klientel und an einen derart spektakulären Auftrag wie das große Mosaik für St. Peter gekommen ist. Vielleicht hat er sich nach einer ersten Phase der Ausbildung in Florenz wirklich in Rom und Assisi im Torriti-Atelier hochgearbeitet. Daß große Aufträge und ein für unsere Begriffe jugendliches Alter damals vereinbar waren, zeigt das Beispiel des Architekten Peter Parler, dem 1356 mit angeblich 23 Jahren die Leitung des Prager Dombaus übertragen wurde und damit eine Aufgabe, die noch komplexer und kostspieliger war als das Navicella-Mosaik.

Auch ein anderer Großauftrag, der Giotto einige Jahre später erreichte, scheint mit den kurialen Verbindungen zusammenzuhängen: Als er zwischen 1303 und 1306 in Padua für den schwerreichen Enrico Scrovegni die Arena-Kapelle mit Fresken ausstattete, diente er einem Patron, der erstens ein Familiare (Gefolgsmann) Papst Benedikts XI. war (1303–1304, vormals Nicolò Boccasini aus Treviso). Der Papst seinerseits zählte Kardinal Jacopo Stefaneschi zu seinen Vertrauten. Mit Stefaneschis Stimme war er auf dem Konklave von Perugia gewählt worden, nachdem dessen eigene Kandidatur gescheitert war. Wenig später stand Stefaneschi als letzter Getreuer an seinem Sterbebett. Zweitens sollte Enrico Scrovegni über kurz oder lang mit den Orsini in Rom verschwägert sein. Die Mutter seiner zweiten Frau, Jacobina d'Este, war Orsina Orsini, Großnichte des für die Ausstattung der assisianischen Oberkirche zuständigen Kardinals Matteo Rosso Orsini. Und in den Augen des Zeitgenossen und Chronisten Giovanni da Nono waren Finanzierung und Gründung der Arena-Kapelle mit Scrovegnis Beziehungen zum Haus Este verknüpft (dazu später mehr, S. 28–30).

Auch in den folgenden Jahrzehnten, als die Päpste in Avignon residierten, arbeitete Giotto immer wieder für Kardinal Stefaneschi und die Kurie: Es entstand der Stefaneschi-Polyptychon für den Altar im Kanoniker-Chor von St. Peter in Rom; es kam zu der nur durch Schriftquellen überlieferten Ausmalung der «Capella» bzw. «Tribuna» derselben Kirche (die wahrscheinlich nicht mit der Chorkapelle identisch war). Und als Kardinal Bertrand de Poujet zwischen 1327 und 1334 eine Papstresidenz in Bologna zu etablieren und auf diese Weise die avignonesische Gefangenschaft der Kurie zu beenden suchte, war es Giotto, dem die Ausstattung der zukünftigen päpstlichen Palastkapelle im Castello di Galiera anvertraut wurde, Fresken, die wie so vieles andere zerstört sind.

Wie sich der Dienst an der Kurie für Giotto und seine Familie auszahlen konnte, zeigt eine Urkunde Papst Johannes' XXII. von 1324. Statt den Maler direkt begünstigt sie dessen Sohn, der nach seinem Großvater Bondone hieß und sich später Donatus nannte. Bondone di Giotto wird die nächste freiwerdende Pfarrstelle in der Stadt oder Diözese Florenz zugesagt, ein Amt, das – gleich ob mit Pflichten verknüpft oder eine Sinekure («sine cura», so der Wortlaut der Urkunde) – 50 Goldfloren jährlich abwerfen soll. Eine Zweitfertigung ergeht an Stefano di Francesco Stefaneschi, Großneffe und Vertrauter von Kardinal Jacopo Stefaneschi. Wir erfahren nicht, ob mit der Pfründe eine aktuelle Tätigkeit des Malers für den Papst in Avignon, für ein Mitglied des Hauses Stefaneschi oder für einen der anderen in dem Schreiben genannten Kleriker abgegolten wurde. Ich möchte aber annehmen, daß eine solche Gunstbezeigung neben einem aktuellen Anlaß immer auch einer längeren Vorgeschichte bedurfte und daß Giotto an der Kurie als ein über Jahrzehnte bewährter Diener galt.

In Rom, im Dienst der Kurie und der Familien Stefaneschi und Orsini hat sich in der zweiten Hälfte der neunziger Jahre die professionelle Existenz Giottos geformt. Es mag dieser Wechsel in die von großen Traditionen und weiten Perspektiven geprägte Kunstwelt der Welthauptstadt gewesen sein, der den jungen Maler vor der Mittelmäßigkeit gerettet hat. Und die damals geknüpften Verbindungen blieben ein Rückgrat seiner Tätigkeit.

Das Navicella-Mosaik war bis zu seiner Zerstörung in den Jahren kurz nach 1600, als der Petersplatz angelegt wurde, Giottos populärstes Werk. Obwohl materiell so gut wie nichts erhalten ist, läßt sich anhand der Kopien zeigen, welche Traditionen und Perspektiven es waren, auf die der römische Giotto reagierte (Abb. 1, 2). Zunächst aber die Geschichte: Das Bild erzählt von Petri Seewandel (Matthäus 14, 22–31): Christus nähert sich auf dem Wasser schreitend dem in Seenot geratenen Boot der Apostel und ruft Petrus zu sich. Der gehorcht und kommt über die Wellen Christus entgegen, bis ihn Glaubenszweifel packen und er zu versinken beginnt. Da rettet ihn Christus: aus dem Wasser wie aus dem Zweifel.

Bildbeherrschend – in den absoluten Maßen so groß wie ein wirkliches Schiff – erscheint das Fahrzeug der Apostel. Es liegt schräg im Wasser. Windgötter blasen von beiden Seiten, ein Motiv, das frei die biblische Aussage illustriert, derzufolge das Schiff Gegenwind hatte. Zwischen den fatal durchsichtigen Wellenstrudeln ist Meeresgetier zu erkennen.

Soweit folgt die Szenerie vollständig antiken Vorlagen: Der schräg liegende Einmaster einschließlich der detailverliebt wiedergegebenen Takelage und das Windgötterpaar sind in genau dieser Kombination auf den frühchristlichen Jonas-Sarkophagen anzutreffen; die artenreich bewohnte See ist eine klassisch spätantike Formel. Daneben entspricht die frontale Christusfigur im Goldgewand spätantiken Standards. Wilhelm Paeseler hat dem Bild eine überaus gründliche Untersuchung gewidmet und kam zu dem Ergebnis, es könne gar kein Werk Giottos gewesen sein; bei aller Dichte sei die urkundliche Überlieferung trügerisch. Es habe sich um ein spätantikes Mosaik gehandelt, das Giotto im Auftrag Stefaneschis restauriert habe. Diese These ist widerlegt, trotzdem bleibt der Befund richtig, daß das Werk nicht nur viele Motive, sondern auch die Komposition aus der antiken Bildwelt bezieht. Und genau dies verbindet es mit der Produktion von Giottos römischen Konkurrenten Cavallini und Torriti und überhaupt mit den Spitzenerzeugnissen der Kunst im hochmittelalterlichen Rom. Das Apsismosaik von Santa Maria Maggiore, das Torriti im Auftrag des Papstes und der Fami-

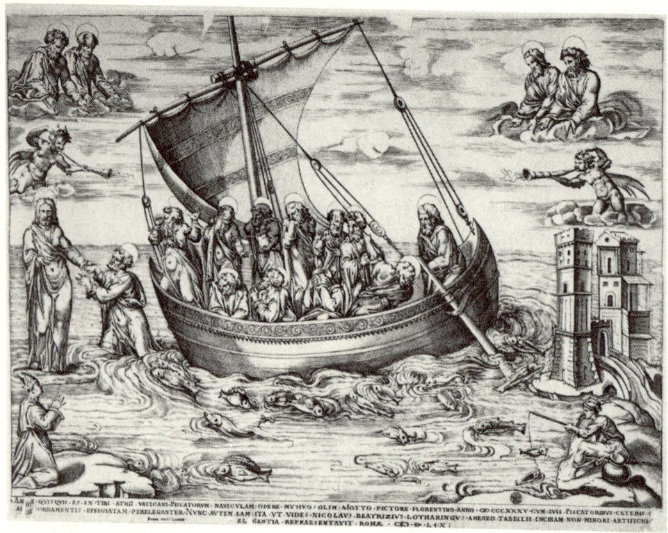

1 Nicolas Beatrizet, seitenverkehrte Kopie nach Giottos Navicella, Kupferstich (1559)

lie Colonna wenige Jahre zuvor geschaffen hatte, ist eine regelrechte Collage aus antiken Motiv-Fundstücken einschließlich einem römischen Kriegsschiff und Wassersport treibenden Eroten. Offenbar ging es nicht darum, die Werke als neu in Erscheinung treten zu lassen, sondern darum, sich mit ihnen in eine große, bis in die Zeit der römischen Kaiser und der frühen Christen zurückreichende Tradition zu stellen. Giotto schuf also einerseits ein Bild, dessen Formensprache es einer bestimmten Kultur mit spezifischen visuellen Normen zuordnete.

Andererseits gibt es einen verstörenden Bericht über die Wucht der Wirkung, die das Bild hatte. Man muß dazu wissen, daß das Mosaik für die frommen Besucher der alten Peterskirche und für die Kanoniker von St. Peter, die sie zu betreuen hatten, von einiger Bedeutung war. Wer zum Grab des heiligen Petrus pilgerte oder die Kirche aus anderen Gründen aufsuchte, ging unter der Darstellung hindurch, die gewaltig groß war (ca. 15 Meter breit) und quasi die Rückwand der Torhalle des

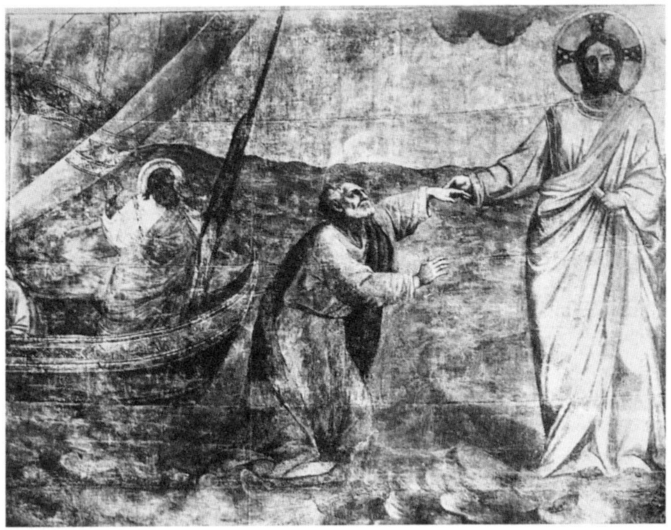

2 Francesco Beretta, Kopie nach Giottos Navicella (1628), Detail, Rom, Reverenda Fabbrica di San Pietro

Atriums bedeckte. Vor dem Portal der Basilika angekommen und bevor man eintrat, drehte man sich um und sprach ein Gebet in Richtung des Bildes. So sagte etwa im 16. Jahrhundert Kardinal Baronius: «Herr, wie du Petrus den Fluten entrissen hast, so ziehe mich heraus aus den Wogen der Sünde!» Deutlich geht es um die Rolle des Kirchenpatrons als eines menschlich-allzumenschlichen Heiligen, dessen von Zweifeln und Verrat verunstaltetes Leben immer neu demonstriert, wie Christus Sündern vergibt. Als in der Fastenzeit 1380 die heilige Katharina von Siena St. Peter aufsuchte, um die Beichte abzulegen und ihrer Sünden ledig zu werden, dürfte sie mit ähnlichen Gedanken auf das Bild geblickt haben. Da fühlte sie plötzlich das Schiff aus dem Mosaik auf ihren Schultern (vom Schiff der Kirche sprechen ihre Biographen) und brach sterbend unter der Riesenlast zusammen. Es handelte sich um mystische Wahrnehmung, hervorgerufen unter anderem durch rücksichtslose Selbstkasteiung, aber in dem Bild war ein intensives Erleben durchaus angelegt: Im 15. Jahrhundert gab die Navicella für den Humanisten Leon Battista Alberti den Maßstab für eine fesselnde Bilderzählung. Und noch im 16. Jahrhundert wurde das Segel des Schiffes als ungemein real beschrieben: Der Wind bläht das Segel, das dabei beinahe plastischer wirkt, als wenn es ein wirkliches Segel wäre – so drückt sich Giorgio Vasari aus. Dem Aspekt von ostentativer Antikenimitation standen also Dramatik und eine fast bildsprengende Präsenz gegenüber.

Zu den fundamentalen Irrtümern der Geschichtsschreibung in humanistischer Tradition gehört die Auffassung, die byzantinische Kunst und Kultur hätten in Italien einen retardierenden Einfluß ausgeübt: Wenn Ghibertis Cimabue Ghibertis Giotto nichts lehren kann, dann liegt das auch daran, daß er laut Ghiberti in der byzantinischen Weise (*maniera greca*) malte. «Byzantinisch» steht für das, was überwunden werden muß. Gerade im ausgehenden 13. Jahrhunderts spielte die zeitgenössische griechische Kunst aber eine ganz andere Rolle. Es waren Erfindungen griechischer Maler, die halfen, die Konventionen der westlichen Bildproduktion in Frage zu stellen und neue Standards von Darstellungstechnik zu setzen. Das läßt sich im Frühwerk Giottos, aber auch bei anderen in Rom tätigen Künstlern zeigen. Tatsächlich war Rom der Ort in Italien, von dem aus man die sich rapide erneuernde Kunst in Konstantinopel, dem zweiten Rom, am intensivsten beobachtete. Die Kennzeichen dieser spätbyzantinischen oder paläologischen Kunst (so genannt nach der in Konstantinopel seit 1261 herrschenden Dynastie der Paläologen) waren betonte Plastizität und Körperlichkeit (man spricht von *volume style*) und eine den heutigen Betrachter verwirrende, aber effiziente Räumlichkeit durch den Einsatz fiktiver Architekturen. All dies zusammengenommen läßt die Bildfläche verschwinden und damit den Ort, wo sich – im westlichen Hochmittelalter oft mühsam und durchsichtig genug – das Darstellende zu einem Dargestellten zusammenfindet. Ein gutes Beispiel gibt das Marientod-Fresko in Ohrid in Makedonien, das die Maler Michael Astrapas und Eutychios aus Tessaloniki 1294/95 schufen (Abb. 3). Die Figuren und begleitenden Architekturen wölben oder beugen sich aus der

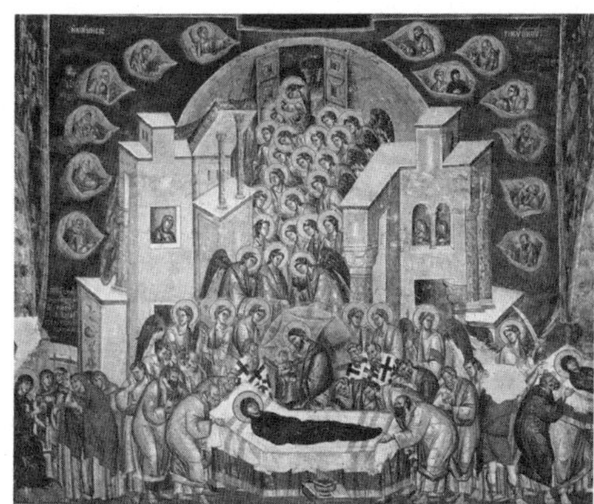

3 Michael Astrapas und Eutychios, Tod Mariens (1295), Ohrid (Makedonien), Klemens-Kirche

Wand heraus und drängen sich scheinbar in den Raum, in dem das Publikum sich aufhält. Das Geschehen wird unabweisbar präsent. Es tritt nicht als etwas Gemaltes, sondern als etwas Wirkliches in Erscheinung.

Mit ähnlichen Qualitäten wartete die Navicella auf. Eingeübt hat Giotto dies in Assisi. Damit sind wir bei den Fresken des sogenannten Isaak-Meisters. Sie treten am Obergaden (d. h. den Oberwänden) der Oberkirche von San Francesco am Ende einer Ausmalungskampagne in Erscheinung, deren Ziel es war, den Raum weiter an eine römische Basilika anzugleichen, und die im Geist und wohl vom Atelier des Jacopo Torriti begonnen wurde. Die für die Ornamente zuständigen Maler blieben durchgängig dieselben. Der Isaak-Meister, oder richtiger der junge Giotto, scheint im fliegenden Wechsel die Leitung der Werkstatt übernommen zu haben und hat ihrer Produktion jedenfalls seinen Stempel aufgedrückt. Einerseits sind die Bilder, die er dabei schuf, nicht nur innovativ, sondern weisen so eindeutig und geradlinig auf gesicherte Giotto-Werke voraus, daß an der Identität kaum zu zweifeln ist; andererseits gibt es Eigenarten, die den Betrachter an dem Gedanken irre werden lassen, da habe ein Künstler gearbeitet, der als Vater der neuzeitlichen Malerei gilt.

Berühmt sind die beiden Isaak-Szenen, die zeigen, wie der Patriarch Jakob betrogen wird: Zuerst spendet der Blinde dem zweitgeborenen Isaak den Segen, dann taucht Esau, der Erstgeborene, auf, aber Jakob kann nichts mehr rückgängig machen (Abb. 8, 9). Dieses Drama wird mit großen und kleinen Gesten fesselnd erzählt. Formal fallen besonders die Raumkästen auf. Man kann in der kunstgeschichtlichen Literatur viel über ihre Neuartigkeit und Perfektion nachlesen: So heißt es, sie seien Pionierleistungen der Zentralperspektive. Der zweite Blick zeigt allerdings, wie wenig sie auf die Figurengruppen, die sie umschließen sollen, abgestimmt sind. Die Figuren produzieren eine erhebliche Menge an Volumen – drei mit Licht und viel Schatten sowie mit plissierten Faltenbögen äußerst plastisch modellierte Körper sind hintereinander aufgestellt. Demgegenüber sind die Kästen – abgelesen an der verkürzten Außenwand – gerade eine Türbreite tief. Vor allem aber achte man auf das gedrechselte Möbel im Vordergrund. Der zweite Blick zeigt: Es handelt sich um eine Sitzbank, die mit der Rückenlehne zum Betrachter steht – entweder eine Sitzgelegenheit für Zwerge oder aus darstellungstechnischen Gründen verkleinert. Gehen wir von der zweiten Möglichkeit aus, so heißt das, daß der Raum gänzlich anders entworfen ist, als die Zentralperspektive dies später vorschreiben sollte und als wir es von der Fotografie her kennen: Ein Gegenstand im Vordergrund wird nicht größer, sondern extra klein dargestellt, damit nämlich die plastisch modellierten Körper darüber oder dahinter zu besserer Geltung kommen. Diese sind in einem Raum plaziert, der durch seine Seichtheit ihr Volumen auf paradoxe Weise hervorhebt. Das Möbel und die Kastenarchitektur treten zurück und machen die Körper präsent – nicht in einem Bildraum, wie man erwartet, sondern für sich stehend zwischen Kasten und Betrachterwelt.

Um Präsenz geht es auch in der Beweinung Christi (Abb. 4): Das Bild ist schlechter erhalten, doch verraten die formenreich gefältelten Gewänder, die Gesichtstypen und die Haarschöpfe, daß wir es mit demselben Maler zu tun haben und daß die Figuren ursprünglich ebenso plastisch waren. Ganz im Vordergrund ist der Leichnam Christi plaziert, umsorgt von trauernden Frauen und Jüngern. Dabei werden die toten Glieder vor unse-

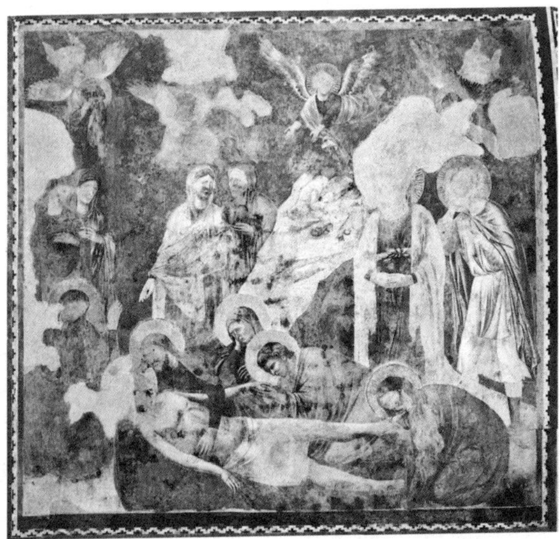

4 Beweinung Christi (ca. 1294–1298), Assisi, Oberkirche, Obergaden des Langhauses

ren Augen geradezu ausgebreitet, so daß unser Blick Wundmal für Wundmal aufsuchen kann. Die Schräglage am Bildrand läßt fürchten, daß der Körper aus dem Feld gleiten könnte, wie das Schiff aus dem römischen Mosaik sich löste, um auf schmalen Schultern zu landen. Oder steht ein solcher Unfall statt zu fürchten zu hoffen? Für den mittelalterlichen Gläubigen war nichts so erstrebenswert, wie mit dem Heiligen in physischen Kontakt zu kommen. Entsprechend wurde Katharinas Navicella-Erlebnis immer als Gnadenerweis betrachtet. Das Bild in Assisi bietet detaillierten Blickkontakt, aber darüber hinaus simuliert es auf eine psychologisch herausfordernde, fast gefährliche Art die Möglichkeit einer realen Gegenwart dieses Körpers.

Was Giottos Quellen für diese Form von Visualisierung angeht, so finden sich die deutlichsten Spuren am Gewölbe über dem Eingangsjoch der Oberkirche (Abb. 5). Hier sind, begleitet von ihren Sekretären, die vier lateinischen Kirchenväter dargestellt, Lieblingsautoren und Lieblingsheilige Papst Bonifaz' VIII.,

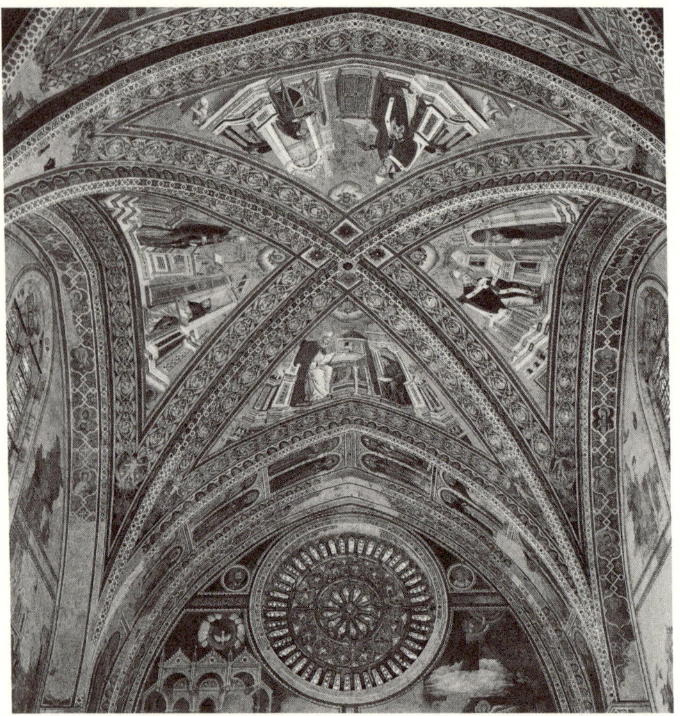

5 Kirchenväter-Gewölbe (ca. 1294–1298), Assisi, Oberkirche, Langhaus

der 1298 über sie schrieb: «Leuchtende und brennende Lampen haben sie auf den Kandelaber im Haus des Herrn gesetzt, so daß die Finsternis des Irrtums entwich.» Mit dem Kirchenvätergewölbe findet ein Kernstück aus dem dogmatischen Programm von Bonifaz' Pontifikat in die Dekoration seiner *Capella Papalis* von Assisi. Worum es im Rahmen einer Betrachtung der Kunst Giottos geht, sind aber die Architekturen der Sitze und Pulte: marmorne Möbel, die in vielen Details an die Arbeiten der römischen Cosmatenwerkstätten erinnern. Einerseits hielt sich der Maler also an Konventionen aktueller Kirchenausstattung in Rom und Umgebung. In ihrer Verstiegenheit und in der gewagten Projektion hängen die Strukturen aber von den Architekturfiktionen der paläologischen Bildwelt ab. Eine bezeichnende Einzelheit ist etwa die Miniaturloggia über dem Sitz des für den heiligen Augustinus tätigen Schreibers (in der Abb. links): eine nach oben spielzeugartig verkleinerte Monumentalarchitektur, wie sie um 1300 in byzantinischen Fresken und Mosaiken laufend vorkommt. Einen byzantinischen Hintergrund hat auch die Hohlform, in welcher der Schreiber sitzt. Gegenständlich ist sie nicht wirklich zu erklären, klar ist aber der Auftrag im Bild: Es geht darum, Raum zu definieren, aus dem heraus sich der Körper des Schreibers den Realraum erobern kann.

Neben der Antike war es also die spätbyzantinische Kunst, die den jungen Giotto während seiner römischen Phase herausgefordert hat. In der Navicella ist das am klarsten an der Hafenarchitektur mit Leuchtturm ablesbar (Abb. 1). Zwar gehört ein solcher zu den Unverzichtbarkeiten des spätantiken Seebildes; die Komplexität der Bauten im Mosaik geht über die Vorlagen aus diesem Bereich jedoch hinaus, und die Art, wie sie räumlich verschachtelt waren, weist auf die spätbyzantinischen Architekturfiktionen. Aber auch wie die Apostel im Schiff alle einschlägigen Affekte vorführen, findet sich in der byzantinischen Kunst: Gerade so sind die trauernden Apostel in besonders anspruchsvollen Marientod-Bildern dargestellt. Mag die byzantinische Herausforderung an seinen älteren Konkurrenten gleichfalls nicht vorbeigegangen sein, so hat Giotto sie am produktivsten gewendet.

3. Ein reicher Mann baut eine Kirche

Beliebt war Enrico Scrovegni nicht, jedenfalls nicht mehr in Padua, nachdem er 1320 den politischen Wirren dort feige, wie manche fanden, ausgewichen und ins Exil gegangen war. Giovanni da Nono, der ihn persönlich gekannt haben muß, berichtet in seinem Buch über die Paduaner Familien folgendes:

Nachdem Enrico Scrovegnis erste Frau verstorben war, heiratete er Johanna [richtig: Jacobina], die Tochter des edlen Franziskus, des Markgrafen von Este, und ließ die Kirche Santa Maria de Caritate bauen am Ort der Arena, die er von Manfredus, dem natürlichen Sohn des edlen Ritters Guecillus Dalesmanini, kaufte. Dazu verwendete er Geld aus dem Vermögen des edlen Ritters Bardellone Bonacolsi, des ehemaligen Stadtherrn von Mantua, welcher von seinem Bruder Bottesella vertrieben wurde, weil er den Markgrafen Obizzone in Mantua vergiften lassen wollte. Als Bardellone aus Mantua abgezogen war, befiel ihn in Venedig eine tödliche Krankheit, und er setzte Enrico Scrovegni als seinen Testamentsvollstrecker ein. Auch weihte sich Enrico dem Orden der Brüder von Santa Maria de Caritate in der Arena, genannt Orden der Fratres Gaudentes, den er ein Jahr später wieder verließ. Dabei hat er sich zum Heuchler gemacht. So viele er irgend konnte, hat er hereinzulegen versucht, wollte er doch Papst Benedikt aus Treviso täuschen, indem er ihm versicherte, er habe die genannte Kirche mit Geld aus seinem Vermögen errichtet.

Es handelt sich um eine Salve aus jenem Feuerwerk von Skandalen, das der Chronist im Scrovegni-Abschnitt seines Buches abbrennt. Weitere Rufmord-Juwelen sind: Enricos Vater habe es nur kraft potenzsteigernder Mittel vermocht, einen Sohn zu zeugen. Und ein Niemand von Geburt, habe er sein Vermögen praktisch über Nacht durch Wucher erworben. Bei dieser Angabe stützte sich Giovanni da Nono auf Dantes *Göttliche Komödie*. Seine Jenseitsreise hatte den Dichter auch mit dem alten Scrovegni zusammengeführt. Anders als der Buchmaler Oderisio hockte dieser nicht unter vergleichsweise erträglichen Umständen auf der Terrasse der Hochmütigen, sondern brannte grausig im Feuer der Wucherer (*Inferno* XVII, 65–75). Wie er trotz solcher Qual über noch lebende Bankiers in Padua und Florenz herzieht (um deren Nennung es dem Autor natürlich ging), kann Dantes Reginaldo Scrovegni gut das Vorbild für den bösartigen Geizhals und Wucherer Ebenezer Scrooge aus der Weihnachtsgeschichte von Charles Dickens geliefert haben, dem später Carl Barks in der Figur des Dagobert Duck (im Original Scrooge McDuck) Entengestalt verlieh.

Von all dem, was Giovanni da Nono schreibt, sind nur drei Angaben nachprüfbar richtig, nämlich erstens: Enrico Scrovegni hat das Gelände und die Ruinen des antiken Paduaner Amphitheaters, genannt Arena, von der Familie Dalesmanini gekauft (das war exakt im Jahr 1300). Zweitens: Er hat dort die durch Giottos Fresken berühmte Kapelle gebaut (das war in den Jahren 1303 bis 1305). Und drittens: Enrico hat nach dem Tod seiner ersten Frau – wir wissen weder, wie sie hieß noch wann sie starb, nur daß sie eine Carrara war – eine Tochter aus dem Haus Este und damit noch einmal vornehmer geheiratet. Zwar geschah das kaum schon um 1300; andererseits war die Verlobung eines Mädchens ab dem siebten Lebensjahr möglich, und so kann der Plan einer Verbindung mit den Este doch gut in die Zeit um 1300 zurückreichen. Immerhin einen wahren Kern birgt die Erwähnung Benedikts XI.: Ob er den Papst belogen hat oder nicht, Enrico hat ihn gut gekannt, und Benedikt bewilligte 1304 einen umfangreichen Ablaß für den Besuch der Arena-Kapelle. Das Schreiben aus Rom machte das aus dem Boden gestampfte Kirchlein umgehend zu einem wichtigen Mitglied der Paduaner Kirchenfamilie.

Nicht seriös belegt ist der Kontakt mit dem Orden der Fratres Gaudentes oder Cavalieri Gaudenti, einer Gemeinschaft aus franziskanischem Geist, deren Mitglieder sich den populären Namen «frohlockende Ritter» mit ihren Lobgesängen auf die Gottesmutter verdienten. Weder haben sie laut den frühen Dokumenten mit der Kirche zu tun gehabt noch Scrovegni mit ihnen. Wenn es Kontakte gab, dann waren sie kurz und folgenlos. Trotzdem wird in den Schriften über die Scrovegni und ihre Kapelle seit dem 16. Jahrhundert immer wieder gesagt, Enrico habe die Brüder eingeschaltet – angeblich einen Orden, der den Wucher bekämpfte –, um die von Dante bezeugten Sünden seines Vaters zu sühnen. Der Bau und seine Ausmalung durch Giotto seien letztlich eine Sühnestiftung für Reginaldo Scrovegni gewesen – wobei die Autoren aber nicht wissen oder nicht bedenken, daß dieser zum Zeitpunkt der Kirchengründung schon mehr als zehn Jahre tot war und bereits selbst für sein Seelenheil im oder beim Dom eine Kapelle gestiftet hatte. Antonio Tolomei, der die Arena-Kapelle in öffentlichen Besitz überführt und damit wohl gerettet hat, brachte den vermuteten Sachverhalt 1880 vor dem Paduaner Stadtrat auf eine aufklärerisch säkularisierte Formel, die das Herz jedes gebildeten Italieners gewinnen mußte: «Enrico parierte eine Terzine Dantes mit einer Kapelle Giottos.»

Unbeachtet blieben dagegen die Bemerkungen zum Vermögen des Bardellone Bonacolsi, dessen Vertreibung aus Mantua ins Jahr 1299 fällt und der 1300 im Ferrara der Este gestorben war. Ob Scrovegni dessen Erbe nun wirklich veruntreut hat oder nicht, die Erzählung insinuiert einen Zusammenhang zwischen Enricos Verbindung mit dem Haus Este und dem Kauf der Arena. Dabei ist zu beachten, daß Enrico das Areal nicht in erster Linie erworben hat, um eine Kapelle zu bauen, sondern um dort einen großen Palast zu errichten, eine stadtnahe Residenz als Ergänzung zum Wohnsitz in der Stadt. Die Kapelle war zunächst nur als Teil einer solchen wahrhaft feudalen Anlage gedacht. Es handelt sich um ein Bauprojekt, wie es perfekt zu einer hochadeligen Heirat oder entsprechenden Aspirationen paßt: Was vor den Mauern von Padua entstand, war ein Wohnsitz, wie er einem Mann angemessen war, der die Tochter eines Markgrafen freien würde.

Allerdings war die Arena nicht nur ein besonders repräsentatives Grundstück, auratisch durch ihre Vergangenheit («ein Haus der schaurigen Heiden» sei sie einst gewesen, so ließ Enrico verbreiten), sondern sie verwandelte sich einmal im Jahr in einen heiligen Ort: An jedem 25. März, am Festtag der Verkündigung, zogen die Paduaner Bürger, angeführt vom Bischof, dem Klerus und den kommunalen Würdenträgern, eskortiert von den Stadtsoldaten und begleitet von den städtischen Trompetern, in einer Prozession vom Dom und vom Ratspalast hinaus in die Arena und wohnten im Maueroval der Ruine einer szenischen Aufführung bei. Zwei Knaben in Kostümen spielten die Verkündigung an Maria nach. Das war schon Sitte gewesen, solange die Arena den Dalesmanini gehört hatte. Als das Gelände dann im Besitz der Scrovegni war, ließen sie sich nicht lumpen: Enrico bestritt mindestens gelegentlich einen Teil der Kosten für das

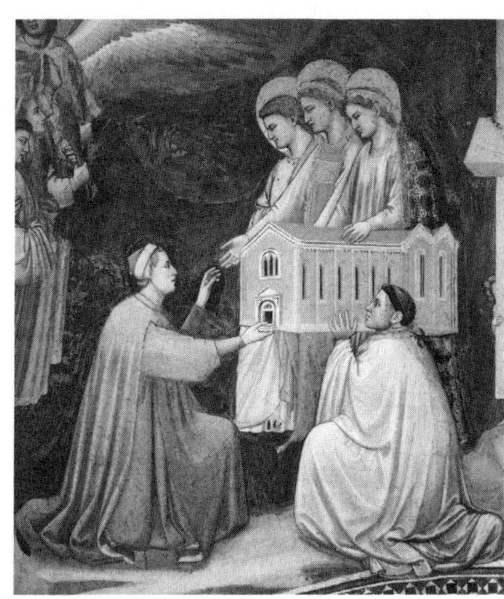

6 Weltgericht, Detail: Stifterszene, Padua, Arena-Kapelle (1303–1306)

Spektakel; Jacobina d'Este lieh Kleider und Schmuck (darunter ihre «Krone») für das Kostüm des Knaben, der Maria spielte.

In diesen Zusammenhang gehört offenbar der Plan, das, was beim Bischof als Palastkapelle beantragt worden war, als eine regelrechte Kirche auszuführen: Angestrebt war ab spätestens dem Verkündigungstag 1303, als der Grundstein gelegt wurde, ein mittelgroßer öffentlicher Sakralraum, geeignet, die spirituellen Interessen der Familie Scrovegni und der Paduaner Bürgerschaft insbesondere an den Marienfeiertagen zusammenzuführen. Am Verkündigungstag 1305 wurde das Kirchlein dann der Maria de Caritate geweiht: der Maria von der Nächstenliebe, wobei solche Liebe, wenn hochheilige Personen sie auf sterbliche Sünder richten, vor allem eins ist: Barmherzigkeit. Der Weihetitel Maria de Caritate zielt auf die Paduaner Stadt- und Dompatronin in ihrer Funktion als barmherzige Fürsprecherin, die den sündigen Menschen kollektiv und individuell Vergebung verschafft. Die Betreuung der Kapelle – Messen, Beichten, Fürbitten – oblag einer kleinen Gemeinschaft von Priestern, die nach der Augustinerregel lebte und wie ein kleines Kloster funktionierte.

Wer Giottos fast perfekt erhaltenen Bilderraum betritt, findet die programmatischen Darstellungen, die Scrovegnis Idee von seiner Stiftung repräsentieren, am Chorbogen und an der Eingangswand. Am Chorbogen ist oben die Aussendung Gabriels durch Gottvater dargestellt und darunter zu beiden Seiten der Arkade die Verkündigung an Maria (Abb. 10): Hier geht es erstens um die Fleischwerdung Christi als Schlüsselereignis der Heilsgeschichte, zweitens um die Position der Kapelle im Paduaner Festkalender und insbesondere am 25. März. Laura Jacobus vertritt die Meinung, Giottos Verkündigungsszene visualisiere gar nicht das biblische Geschehen, sondern reproduziere eine szenische Aufführung der Geschichte. Das ist in dieser Form sicher nicht richtig, aber auf der Hand liegt, daß die Malerei am Chorbogen als Bild in der Kirche dauerhaft anschaulich macht, was vor der Kirche einmal im Jahr als Theaterstück die heilshungrigen Paduaner hinter ihren Stadtmauern hervorlockte.

Die Westwand bedeckt eine Darstellung des Jüngsten Gerichts (Abb. 16). Im Rahmen dieses Themas ist unten über dem Portal die Stiftung der Kapelle dargestellt (Abb. 6): Enrico Scrovegni überreicht kniend ein großes und in vielem detailgenaues Modell an Maria, die zwischen Katharina und Johannes dem Evangelisten, den Patronen der Seitenaltäre, steht. Scrovegnis Daumen liegt im geöffneten Portal und zeigt an, daß die Kirche allen, die in die Arena kommen, offensteht. Die andere Hand sucht die Mariens. Ob eine Berührung zustande kommen wird, ist für den Betrachter nicht leicht zu entscheiden: Giottos Bild *behauptet* nicht, daß die Stiftung für Scrovegni Heil bewirkt, aber die Hoffung wird doch sehr konkret. Der zweite Kniende ist der Tracht nach ein Paduaner Domherr. Als alteingesessene Familie hatten die Scrovegni auch zwei Domkanoniker hervorgebracht; doch vermutlich ist keiner von ihnen gemeint, sonst hätte Giotto einen Altersunterschied zu Enrico deutlich gemacht. Die familiären Verbindungen sind trotzdem der Erwähnung wert, denn sie zeigen, wie nahe es lag, wenn sich Scrovegni für sein Stiftungsprojekt in den Reihen des Domkapitels Rat geholt hat. Der dargestellte Kanoniker

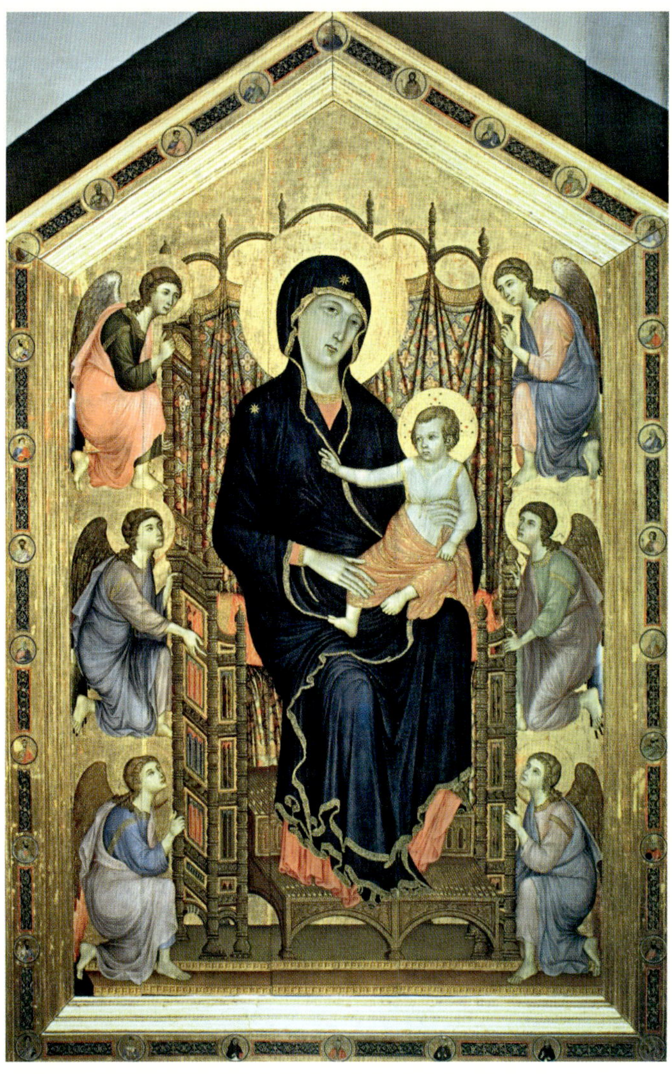

7 Duccio, Madonna Rucellai (1285), Florenz, Uffizien

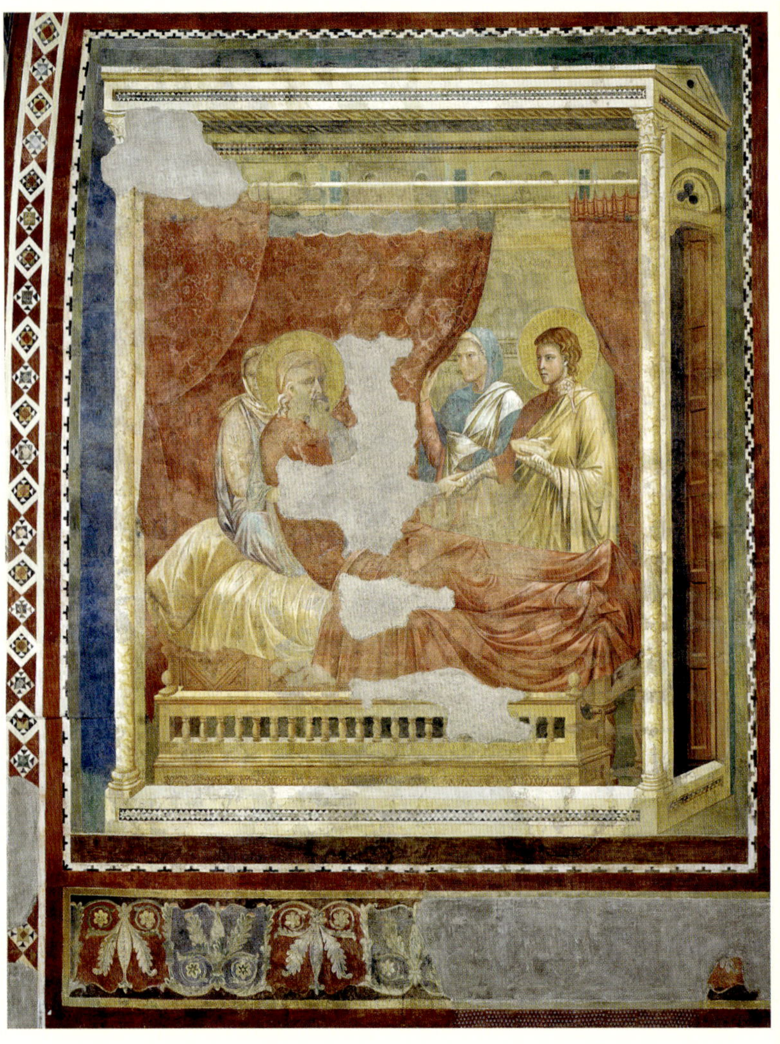

8 Jakob vor Isaak (ca. 1294–1298), Assisi, Oberkirche, Obergaden des Langhauses

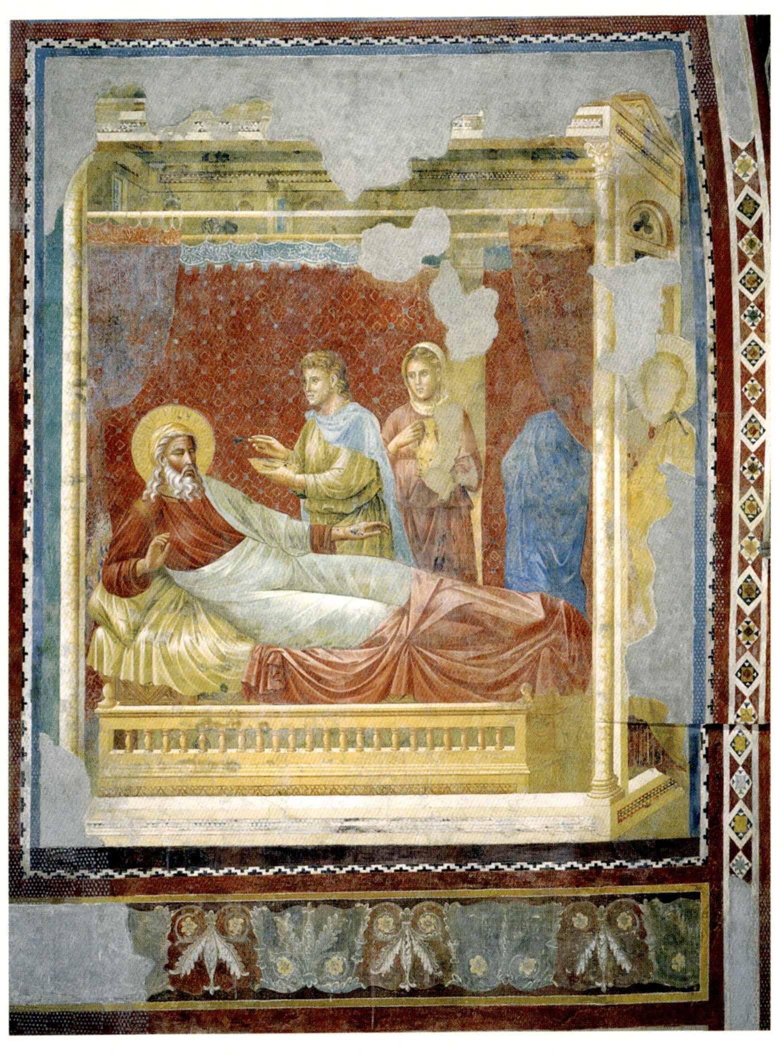

9 Esau vor Isaak (ca. 1294–1298), Assisi, Oberkirche, Obergaden des Langhauses

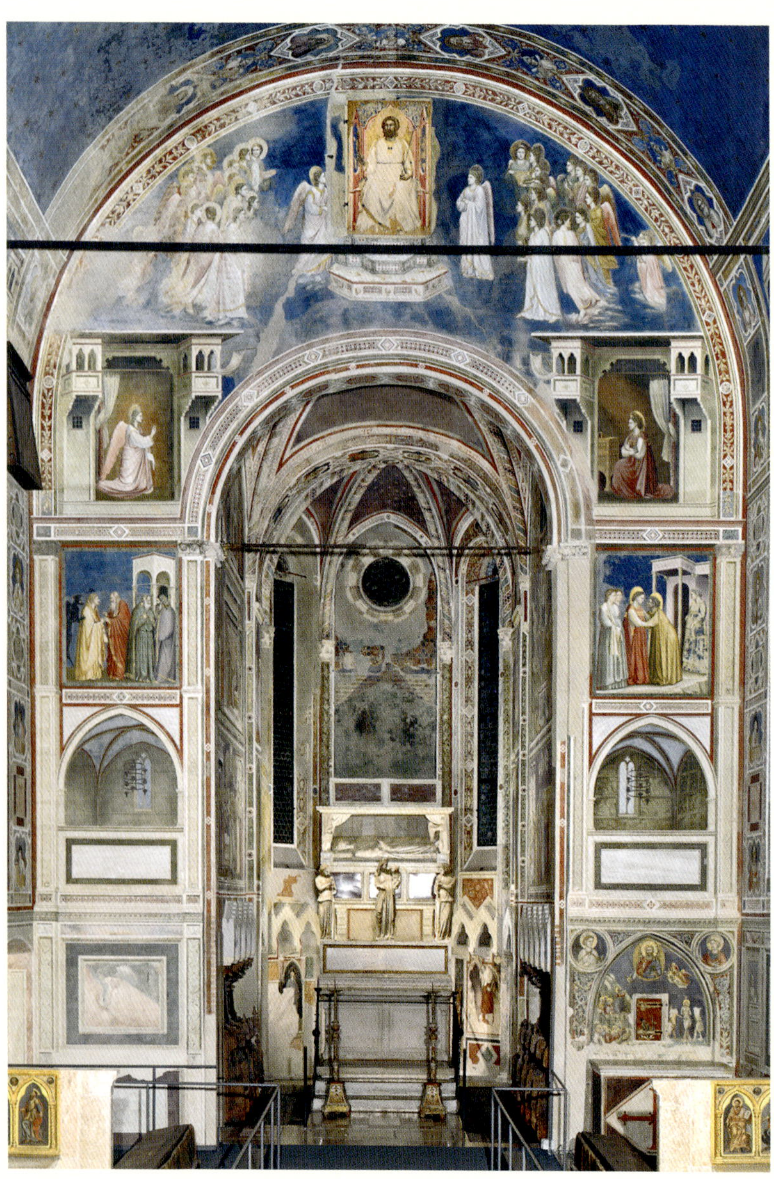

10 Chorbogen, Padua, Arena-Kapelle (1303–1306)

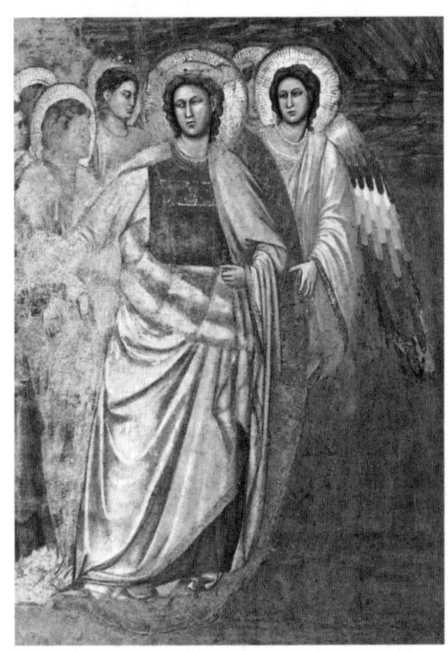

11 Weltgericht, Detail: Maria von der Barmherzigkeit, Padua, Arena-Kapelle (1303–1306)

dürfte der spirituelle Mentor des Stifters gewesen sein. Um dieser Aufgabe gerecht zu werden, mußte, ja durfte er seine eigene geistliche Welt nicht verlassen. Er half, in der Arena so etwas wie eine Außenstelle des Maria geweihten Domes zu installieren.

Neben der Figur, welche die Kapelle entgegennimmt, gibt es im Weltgericht noch eine zweite Maria: Außerordentlich hoheitsvoll, gekrönt und übergroß schwebt sie als Anführerin der Heiligenchöre in einer von Engeln getragenen goldenen Aureole, vergleichbar nur der des Richters (Abb. 11). Üblicherweise leistet Maria in Gerichtsbildern zusammen mit Johannes dem Täufer Fürbitte. Hier ist sie allein, und Christus blickt sie an, während er über Gnade und Verdammnis entscheidet. Deutlicher als beim Auftritt im Stifterbild haben wir es mit einer Gestalt zu tun, die den Weihetitel der Kapelle visualisiert, und demnach mit der eigentlichen Hauptfigur der Ausmalung:

eben mit Maria von der Barmherzigkeit. Barmherzig spornt sie die Heiligen zur Fürbitte an und mobilisiert die Barmherzigkeit des Richters. Wäre die Malerei nicht ausgerechnet hier so schlecht erhalten, würde deutlicher, wie kraftvoll Giotto die Thematik von Fürbitte und Barmherzigkeit im Gerichtsbild vorgetragen hat.

Zurück zum Chorbogen (Abb. 10): Unterhalb der Verkündigung folgen zu Seiten der Öffnung je eine Bildszene und darunter je ein illusionierter gewölbter Raum, in dem eine Öllampe hängt. Frontal fotografiert wirken die Kammern quadratisch. Wer in der Kirche steht und zu ihnen aufblickt, nimmt sie aber als querrechteckig wahr. Das hilft die von Ursula Schlegel gefundene Lesart verstehen: Es handelt sich um Grabnischen oder Nischengräber; die gerahmten Marmorplatten unterhalb der Öffnung hat man sich als die Frontseiten von Sarkophagen zu denken. Vermutlich haben wir es mit Kenotaphen für Enrico Scrovegni und seine Gemahlin zu tun – also entweder noch die Carrara- oder schon die Este-Tochter (wobei wir für eine Bestattung seiner ersten Gemahlin in der Kapelle keinen Hinweis haben und Jacobina, die zweite, kaum schon mit Enrico verheiratet war, als die Scheingräber gemalt wurden, allenfalls verlobt oder von den Eltern versprochen).

Heute ruhen Enricos und Jacobinas Leichname im nachträglich angebauten Chorpolygon; das kann zum Zeitpunkt der Ausmalung so nicht geplant gewesen sein. Eher war eine Bestattung in der Krypta vorgesehen, und die Kenotaphe sollten die Gräber im eigentlichen Kultraum vertreten. Ihnen war die Aufgabe zugedacht, die Besucher und Kleriker an ihre Gebetsverpflichtungen für das Stifterpaar zu erinnern. Vermutlich hätte man die fingierten Sarkophagfronten mit Namensinschriften versehen. Die Bilder über den Nischen, die sich mittels eines gespiegelten Gelb-Rot-Akkords als Gegenstücke zu erkennen geben, bilden einen Teil des Grabkonzepts: Über der rechten (epistelseitigen) Nische, welche die gegebene Position für das Grab der Ehefrau ist, sehen wir die Heimsuchung dargestellt: Die schwangere Maria besucht die schwangere Elisabeth – ein ideales Thema, um Muster von weiblicher Spiritualität mit der

Rolle einer Stammutter künftiger Generationen des Hauses Scrovegni zusammenzuführen.

Das Bild links, auf der liturgisch höherrangigen Evangelienseite, der Enricos Kenotaph zugeordnet ist, wirft demgegenüber Probleme auf. Dargestellt ist hier eine reine Männerwelt, deren Akteure das abscheuliche Gegenbild christlichen Lebens repräsentieren. Der von Satan manipulierte Judas wird von den Priestern des Tempels für seinen Verrat an Christus bezahlt. Für viele Interpreten geht es hier um Reginaldo Scrooge-vegni und den Wucher, den er angeblich trieb. Allerdings ist zu bedenken, daß Reichtum aus christlicher Sicht die Seele grundsätzlich beschwert, auch wenn er rechtlich einwandfrei erworben ist. Insbesondere im Spätmittelalter mußte man kein Finanzhai sein, um sich als ein Judas zu fühlen, d. h. als einer, dem Geld und Wohlstand über die Liebe zu Christus gehen. Vor allem aber ist zu bedenken, daß Judas ein Doppelsünder war und die ökonomische Seite nur die eine Hälfte dieser Figur ausmacht: Sicher, er hat Christus für Geld verkauft, aber das hätte ihm verziehen werden können, wie wichtige Glaubensautoritäten versicherten. «Gott hätte ihn gerne empfangen», heißt es dementsprechend in einem deutschen Passionsspiel. Unverzeihlich war, daß er an diese Möglichkeit nicht glauben konnte, verzweifelte und Selbstmord beging.

Wenn Enrico Scrovegni sich durch Giotto bildlich bezichtigen ließ, ein zweiter Judas zu sein, so meinte das eindeutig lesbar Zerknirschung, Reue in Potenz – nicht Verzweiflung. Daß Verzweiflung nicht vorlag, bewiesen die Stiftung der Kapelle und besonders schlagend das Stifterbild im Weltgericht. Es visualisiert mit allen Zeichen von Zuversicht die Hoffnung auf Maria und ihre Barmherzigkeit.

4. Rede, die zum Auge spricht

Wo Scrovegni mit der Bürde seines Reichtums kämpfte, rang Giotto mit seinem in Rom entwickelten Bildkonzept. Daß alles Dargestellte so präsent wie möglich in Erscheinung treten sollte, war eine von Theologen des Bildes gar nicht selten erhobene Forderung. Im Sentenzenkommentar des heiligen Bonaventura aus dem mittleren 13. Jahrhundert liest man etwa:

> Die Bilder sind wegen der Trägheit der Gefühle eingeführt worden, damit nämlich Menschen, die zur andächtigen Hingabe an das, was Christus für uns getan hat, nicht angeregt werden, solange sie nur davon hören, doch immerhin dazu angeregt werden, wenn sie es in Figuren und Bildern gleichsam als Gegenwart (*tamquam praesentia*) mit körperlichen Augen erblicken.

Doch die malerisch erzeugte Illusion von Gegenwart ist flüchtig und endet immer in einer Enttäuschung – und um so schmerzhafter, je zwingender der Effekt auf Anhieb ist.

Giottos Paduaner Experimentierfeld, auf dem er diesem Problem mehr oder weniger planvoll zu Leibe rückte, hatte einen Umfang von 39 szenischen Bildern: Marienleben (beginnend mit der Geschichte ihrer Eltern, bis zu der Szene, die den zwölfjährigen Jesus im Tempel zeigt), Passion Christi (vom Einzug in Jerusalem bis zum Pfingstwunder), ein knapp bemessenes Zwischenstück (Taufe Christi, Hochzeit zu Kana, Auferweckung des Lazarus), schließlich das Weltgericht. An den Langwänden stehen drei Bilderreihen übereinander. Zweimal läuft die Erzählung über den Chorbogen hinweg, springt mit der Arkade eine Reihe nach unten und plaziert so an optimal sichtbarem Ort die bereits besprochenen programmatischen Szenen, die den Auftrag der Kapelle formulieren; der hohe Standard bei der Konzeption der Ausmalung wird an diesem Detail deutlich. Der Umfang der Bilderfolge erinnert an die Ausstattung römischer

Basiliken mit ihren unendlichen Zyklen an den Langhauswänden; leider sind alle in den neuzeitlichen Baukampagnen untergegangen. Doch sind die mosaizierten Bilderreihen in der Kuppel des Florentiner Baptisteriums als Vergleich ebenso geeignet. Eine derartige Zahl von Szenen zu entwerfen und auf hohem Niveau auszuführen, muß als eine kolossale Herausforderung erlebt worden sein.

Giotto aber nutzte diese Aufgabe noch zusätzlich für die Entwicklung eines neuen Bildkonzepts. Technische Untersuchungen haben weitgehend geklärt, in welcher Reihenfolge er malte, und so läßt sich sagen, daß in dem wohl dritten Feld, das er schuf, bereits die Grundzüge (vorläufig) festlagen: Dargestellt ist in einem Haus die Verkündigung an Anna, die Mutter Mariens. Die architektonische Situation wiederholte der Maler vier Bilder später und mit veränderter Beleuchtung für die Geburt Mariens (Abb. 17, 18). Damit machte er den Betrachtern deutlich, daß die beiden Ereignisse zeitversetzt am selben Ort stattfanden und im Sinn der Erzählung zusammengehören. Vorbilder dafür finden sich interessanterweise nicht in Rom, sondern im Florentiner Baptisterium, wo ca. zehn Jahre zuvor Corso di Buono im Johanneszyklus der Kuppel eine auffällige Landschaftssituation zweimal wiederholte und so die Einheit des Ortes und die Kontinuität der Erzählung anzeigte. Doch nicht darum geht es hier, sondern um Giottos Gestaltung des einzelnen Bildfeldes und seine Beziehung zum Betrachter.

Die beiden Paduaner Mutterhäuser, das, in der die Verkündigung an Anna stattfindet, und das identische, in dem Anna dann entbunden wird, fordern den Vergleich mit den Vaterhäusern in Assisi regelrecht heraus: jenen Architekturkästen, in denen Jakob ruht und von seinen Söhnen besucht wird (Abb. 8, 9). Dabei wird rasch klar, daß Giotto jetzt in Padua weit mehr unternimmt, um die Figuren-Box mit Kennzeichen eines Hauses auszustatten (Giebel, Loggia, Läden etc.) Im Grunde mag man erst die Version in Padua wirklich ein Haus nennen und folglich auch als Schauplatz einer Geschichte akzeptieren. Vor allem aber stellt Giotto dem Hauskasten seinerseits so etwas wie einen Raum zur Verfügung und macht ihn so zum Bildgegenstand.

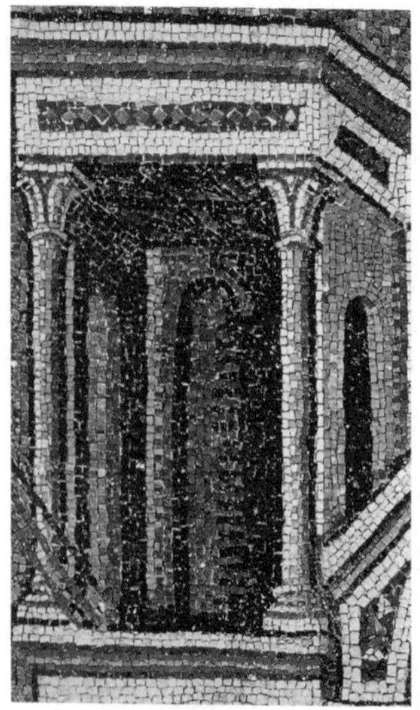

12 Pietro Cavallini, Verkündigung an Maria (ca. 1295), Detail, Rom, Santa Maria in Trastevere

Er setzt ihn auf eine undefinierte Folie aus einem braunen Streifen unten, den wir als Boden lesen, und einer ultramarinblauen Fläche darüber, die für uns der Himmel ist. Dieses braun-blaue Formular entspricht einer langen Tradition und sagt für sich gesehen wenig, aber mit der gemalten Architektur zusammengesehen ergibt sich eine Art flächigräumliches Polster, das den Figurenkasten umfängt. Daneben wird in Padua auf suggestive Effekte wie die Zwergenbank verzichtet. Offensichtlich versucht der Maler, eine Kontinuität des Maßstabs zu erzielen, die Figuren und Gegenstände verbindet. Damit kommt er unserem mit der Perspektive und spätestens mit der Fotografie alternativlos gewordenen Gefühl für Raumwiedergabe in der Fläche mit einem Mal recht nahe.

Die Dynamik, aber auch die eigenwilligen schöpferischen Akte hinter dieser Entwicklung werden transparent, wenn man sich auf die Vorgeschichte des Kastenraums von Assisi einläßt: Architektonische Kästen gibt es in dekorativer Verwendung häufig in der spätbyzantinischen Kunst und in der Folge auch am Thron der Verkündigungsmaria in Pietro Cavallinis Mosaik in Santa Maria in Trastevere in Rom (ca. 1295). Letztere Kästen sind von besonderem Interesse: vorgesetzte gotische Säulchen, Seitentüren, eine zwei Kassettenreihen tiefe Decke – strukturell und im Detail ist das schon der Kastenraum, wie ihn der junge Giotto verwendet (Abb. 12). Allerdings hat der Maler die Form in Assisi radikal neu definiert: Sie ist jetzt eine bildfüllende und Bildraum gebende Struktur, eine Nische, in der und aus der her-

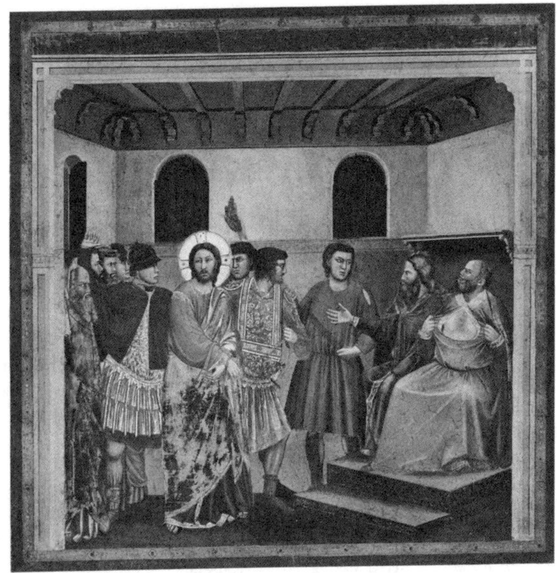

13 Christus vor Kaiphas, Padua, Arena-Kapelle (1303–1306)

aus sich die Szene entwickelt; sie befördert die Akteure in die Präsenz. In Padua, in einem zweiten Schritt, sind aus den abstrakten Kästen dann dezidiert Häuser geworden – freilich nicht Häuser, wie es sie zu Giottos Zeit gab, sondern antikische Hausmodelle mit hohem Wiederkennungswert (Abb. 17, 18). Zu ihren Charakteristika gehört, daß eine Wand fehlt und die Betrachter Einblick erhalten. So können wir beobachten, was in den Häusern vorgeht, ohne daß wir davon ausgehen müßten, es sei für unsere Augen bestimmt. Assaf Pinkus spricht hier von einem voyeuristischen Effekt. Dieser steht im Gegensatz zum Präsenzeffekt der Isaak-Szenen. Das scheinbar Absichtslose der Präsentation von Handlung und die Aufgehobenheit dessen, was wir sehen, in einer parallelen Wirklichkeit machen einen wesentlichen Aspekt des neuen Bildkonzepts aus.

In (vorläufiger) Vollendung ist die neue Bildlichkeit in der Szene mit Christus vor Kaiphas zu erleben (Abb. 13). Das ge-

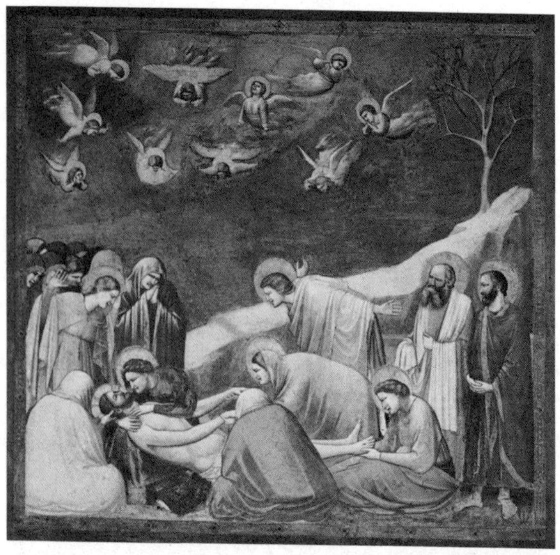

14 Beweinung Christi, Padua, Arena-Kapelle (1303–1306)

rade eingeführte Polster oder Futteral um den ehemaligen Kasten ist wieder verschwunden. Es ist überflüssig geworden, weil der Kasten jetzt soweit eine plausible, auch in seiner Gegenständlichkeit auf die Erzählung abgestimmte Struktur ist, daß die Frage nach seinem Realitätsstatus im Bild verstummt. Wandvertäfelung, Innenläden, geschreinerte Balkendecke: Das ist definitiv ein Saal in einem Palast, keine Figurenschachtel. Ebenso wichtig ist die Projektion: Die Seitenwände fluchten in unterschiedlichem Winkel beide nach innen. Es entsteht eine Bühne. Trotzdem wirkt das Geschehen nicht so, als würde es uns präsentiert, zu sehr sind die Akteure miteinander beschäftigt, zu viel Aktion geht auch ins Leere – etwa das Gespräch zwischen dem zweiten Thronenden, der hinten sitzt (dem Priester Annas), und dem Soldaten, der Christus führt. Ein lautes Bild, dessen Geräusch aus einer anderen Wirklichkeit zu uns herüberdringt. Die Grenze zwischen dieser und unserer Welt ist genau angegeben. Es ist der Architekturrahmen, der im Grunde unpassend –

weil auf die Projektion, Architektur und Ausstattung des Saals nicht abgestimmt – die Bühnenöffnung umgibt. Hier ist quasi die Glasscheibe eingehängt, welche die Bildwelt von der Betrachterwelt trennt und die es weder am Obergaden von Assisi noch bei der Navicella noch in der spätbyzantinischen Malerei gab, die aber konstitutiv für das neuzeitliche Bild ist (darauf komme ich zurück, S. 124).

Wie die charakteristische Glasscheibe ohne Architektur in Erscheinung tritt, läßt sich in der Beweinung Christi studieren (Abb. 14). Ungeniert baut Giotto das Bild der Szene in Assisi nach (Abb. 4), und doch ist die Paduaner Lösung anders: Wo in Assisi der heilige Leichnam fast aus dem Bild rutscht, liegt er hier sicher zwischen den Trauernden – fast ist er verborgen. Nicht uns, den Betrachtern, streckt er seine Glieder hin. Vielmehr widmet sich das Bildpersonal den Händen, den Füßen und dem Kopf mit einer Hingabe, die uns mehr aus- als einschließt. Überdies behindern unsere Teilnahme zwei unförmig vermummte Rückenfiguren, die im Vordergrund hocken. Giottos Angebot an die Betrachter ist weit mittelbarer als in Assisi: Schauend erleben wir mit, wie in einer anderen Wirklichkeit andere trauern und den toten Christus umsorgen. Wenn die Beweinung in Assisi ein Appell ist, dann ist die Beweinung in Padua Imagination.

Dabei ist sie aber in jeder Hinsicht durchdacht und auf emotionalen Nachvollzug ausgelegt. Die ganze Bandbreite der Gefühle wird vorgeführt – Affektvarianten, die denen der Apostel der Navicella durchaus vergleichbar sind. Von allerstärksten Schmerzen, die mit einem großenteils selbstgeschaffenen Repertoire pathetischer Gesten in Szene gesetzt werden, geht es bis zur stillen, geradezu theologisch aufgeklärten Trauer der beiden heiligen Männer rechts. Derart differenziert psychologisierend kann Giotto sogar komplette kleine Geschichten erzählen, wie sie weder in der Bibel noch in den Legendenbüchern stehen.

Dies läßt sich in der Kreuzigungsszene studieren. Links vom Kreuz herrscht Entsetzen, rechts regen sich weniger spektakuläre Gefühle (Abb. 19). Doch ergibt sich gerade aus ihnen bei genauem Hinsehen eine erzählerische Textur von großer Plausibilität, die schließlich zur Identifikation mit mindestens einer der Figuren führt. Zwei Motive aus den Evangelien hat Giotto bearbeitet. Zum einen die Geschichte vom guten Hauptmann, der nach Christi Tod erkennt: «Wahrlich, dieser Mensch ist Gottes Sohn gewesen!» (Markus 15,39). Der Centurio trägt als einziger in der Gruppe einen Nimbus. Das andere Motiv, das damals in Bildern noch unabgenutzt war, ist die Geschichte um Christi Tunika nach Johannes (19,23–24):

> Nachdem die Soldaten Jesus ans Kreuz geschlagen hatten, nahmen sie seine Kleider und machten vier Teile daraus, für jeden Soldaten einen. Sie nahmen auch sein Untergewand, das von oben her ganz durchgewebt und ohne Naht war. Sie sagten zueinander: Wir wollen es nicht zerteilen, sondern darum losen, wem es gehören soll. So sollte sich das Schriftwort erfüllen: Sie verteilten meine Kleider unter sich und warfen das Los um mein Gewand. Dies führten die Soldaten aus.

Um den Vorgang leichter visualisieren zu können, hat Giotto das «Sie sagten zueinander» als einen handgreiflichen Streit interpretiert, der sich in einer zu den Betrachtern hin offenen Gruppe entfaltet. Die Zahl der Soldaten ist auf drei reduziert; es wurde also gleichsam der Vordere, der unseren Blick hätte behindern können, weggelassen (wie in den Häusern und Sälen eine Wand). Rechts steht ein junger Soldat, dessen Gesicht in seiner freundlichen Glätte vor allem die Abwesenheit von Gedanken ausdrückt. Als sei sein Vorgehen die einzige Möglichkeit, führt er schon das Messer, um den Rock zu zerschneiden. Ihm fällt mit bösem Blick ein älterer in den Arm. Das Publikum wird aber nicht dessen Partei ergreifen, denn der Zornige handelt mindestens ebenso brachial und damit aus dem Blickwinkel christlicher Ethik unangemessen wie der Naive. Wir schlagen uns auf die Seite des Guten, der links steht und dessen Profil das Profil des Naiven gleichsam transzendiert. Einen Soldaten oder «Kriegs-Knecht» (wie Luther übersetzte) mag man ihn angesichts der goldenen Rüstung nicht nennen, eher denkt man an einen jungen Offizier, sagen wir einen Decurio. Indem er ebenso gefühl- wie gedankenvoll einen Redegestus ausführt, hat er die Aufmerksamkeit des Naiven erreicht und wird wirkungsvoller als der Zornige dessen unsinnigem Tun Einhalt gebieten.

Zwischen dem Zornigen und dem Guten, die weit auseinandergerückt sind, öffnet sich der Blick auf das zweite Motiv, die Rede des guten Hauptmanns. Indem der Maler die Szenen hintereinander statt, wie es nahegelegen hätte, nebeneinander ordnete, verflocht er die Handlungen und damit unsere Wahrnehmung der dargestellten Affekte. Dem Hauptmann gab er in Gestalt des bärtigen Pharisäers einen Partner, an den er seinen Satz richten kann und durch den auch der – althergebrachte und als Lektürehilfe wichtige – Zeigegestus in Richtung Christus erzählerisch motiviert wird. Das Profil des Pharisäers wiederholt dabei versetzt das Profil des Naiven und weckt im Vergleich Zweifel, ob die Worte des Centurio den Pharisäer ebenso erreichen wie die des Guten den Naiven. Das geneigte Halbprofil des Hauptmanns dagegen wiederholt das Halbprofil des Zornigen, und der im Vergleich gerade hinreichend verschiedene Ausdruck markiert den Abstand zwischen der Ergriffenheit von höherer Einsicht und der Verfallenheit an den eigenen Vorteil. Berührend ist aber vor allem, wie der Gute und der Hauptmann einander zugeordnet sind, denn der erste partizipiert am Nimbus des zweiten: Es ist also nicht nur einfach so, daß uns das tadellose Verhalten, der sympathische Blick, die prächtige Rüstung und das Fehlen des Helms für diese Person einnehmen; die Teilhabe am Nimbus des Hauptmanns gibt unserer Neigung eine objektive Bestätigung und signalisiert, daß der Gute in einer Form Anteil an jener Einsicht hat, welche laut Bibeltext allein dem Hauptmann gebührt.

So hat Giotto also nicht nur einen Sympathieträger aus dem Nichts erschaffen, sondern geradezu einen neuen Heiligen, einen heiligen Decurio, der an die Seite des heiligen Centurio tritt. Die Funktion in der Erzählung ist evident: Kreiert wurde eine Persönlichkeit, die das Publikum auf der spirituell richtigen Seite in einen komplizierten Nebenstrang der Handlung einführt und so das Kreuzigungsbild zu einer Erzählung macht, die neben dem Hauptthema weite Nebenwege der Reflexion eröffnet.

In der Tat kann man sich jahrelang mit den Arena-Bildern

befassen und wird immer noch neue Themen und kleine Geschichten entdecken. Wohl ist es diese Möglichkeit eines Umherschweifens im Erzählstoff, was die Bilder mit ihren Eigenarten bezwecken. Die verwendeten Schriftquellen sind vielfältig: Neben den Evangelien wurden aber besonders die *Meditationes Vitae Christi* herangezogen, eine damals erst wenige Jahrzehnte alte, forciert detailreiche und sentimentale Nacherzählung des Lebens Christi. Aus franziskanischem Geist für die Unterweisung in einem Nonnenkonvent erdacht, war sie rasch zu einem Bestseller geworden. Die *Mediationes*, von denen zu Giottos Zeit bereits auch eine italienische Übersetzung zirkulierte, brachten zahlreiche anregende Details in die Bilder, begünstigten die Einführung weiterer Einzelheiten, insbesondere solcher mit psychologischem Hintergrund (hier wäre der gute Decurio zu nennen), und dieser erzählerische Zugewinn ermöglichte wieder neue Lesarten, die darüber noch hinausgingen. So entstand ein narratives Geflecht, in dem sich der Betrachter verlieren kann, ohne doch je auf Glaubensabwege zu geraten. Es greift sicher zu kurz, wenn man Giottos Fresken eine malerische Umsetzung der Erzählformen in den *Meditationes* nennt, aber das Buch hilft, Giottos Bilder zu verstehen: Das Fabulieren, das Psychologisieren, der Detailreichtum, auch das Distanzierte, das ich mit dem Bild der Glasscheibe zu beschreiben suchte, wird vor dem Hintergrund der *Meditationes* als spirituell sinnvoll erfahrbar. Giotto erarbeitete eine Form von Bildmedium, das ein pseudo-mystisches Erleben ermöglichte. Wenn die Paduaner nach der Aufführung in der Arena oder bei anderer Gelegenheit in die Kirche kamen, fanden sie sich in einer Bilderwelt, die zu einem ungeheuer reichen, jede Textlektüre überbietenden, dabei aber voyeuristisch distanzierten Erleben der Heilsgeschichte einlud.

Sofern der Arena-Palast zu Enricos Zeit überhaupt fertig und bewohnbar wurde, betraten der Hausherr und seine Familie die Kapelle durch eine Tür in der Nordostecke des Saalraums, d. h. neben und unter dem Bild, das den Verrat des Judas zeigt. Sie war später für Jahrhunderte vermauert, wurde bei der letzten Restaurierung der Kapelle wieder geöffnet und dient heute dem zahlenden Publikum als Eingang. Das erste, was die Scrovegni von Giottos Fresken erblickten und was heute der Tourist sieht, ist die Figur der Prudentia (Klugheit, Abb. 21), eine von vierzehn Allegorien, welche die Unterwände der Kapelle schmükken, sieben Tugenden auf der Süd- und ebenso viele Laster auf der Nordseite. Es handelt sich um in Malerei fingierte Skulpturen, die in eine fingierte Marmorvertäfelung des Sockels eingelassen sind. Genaugenommen haben wir es bei den Allegorien mit einer Technik zu tun, die man Marmor-Relief-Intarsie nennen könnte. Die Darstellungen sind scheinbar aus verschiedenen Steinsorten zusammengesetzt: weißer Marmor für die Hauptfiguren und eine Reihe farbiger Sorten (darunter der sagenhaft kostbare Porphyr) für Hintergründe und Details. Vermutlich kam es Giotto weniger darauf an, als Maler mit Bildhauern zu wetteifern (obwohl man das angesichts der komplizierten Technik, die erst Jahrzehnte später überhaupt als Bildhauerarbeit realisiert wurde, denken könnte), sondern darauf, einen medialen Unterschied zu den Szenen darüber zu markieren: Diese helfen vergangene Wirklichkeit zu vergegenwärtigen, jene machen sichtbar, was in einem solchen Sinn nie wirklich war und in einem anderen Sinn Wirklichkeit schlechthin ist, nämlich Kostproben aus dem Reich der Ideen.

Bis zu Giotto wurden solche Konzepte als Frauen dargestellt, die mehr oder weniger beiläufig Symbole als Attribute herzeigten. In seinem Roman *Auf der Suche nach der verlorenen Zeit* hat Marcel Proust formuliert, was an den Gestalten der Arena-Kapelle neu und anders ist (Übersetzung von Eva Rechel-Mertens):

> Später erst habe ich begriffen, daß die eigenartige Schönheit dieser Fresken gerade darauf beruhte, daß in ihnen das bestimmte Symbol einen so großen Raum einnahm und daß die Tatsache, daß es nicht als Symbol – da der versinnbildlichte Gedanke nicht als solcher ausgedrückt war – sondern als Faktum dargestellt wurde, als wirklich erlebt und materiell gehandhabt, der Bedeutung des Werkes etwas Wörtlicheres und Eindeutigeres und der Lehre, die man daraus zog, etwas höchst konkret Einleuchtendes verlieh.

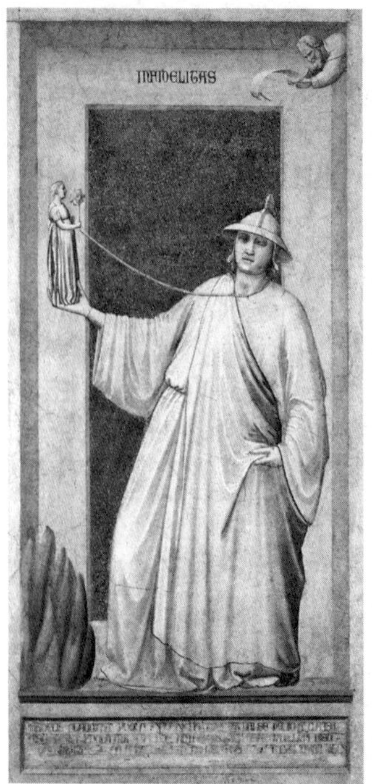

15 Infidelitas, Padua, Arena-Kapelle (1303–1306)

Diese Konkretheit läßt sich auch als ein visuell-narratives Philosophieren beschreiben: Die Tugend Prudentia sitzt am Schreibpult, liest aber nicht in dem Buch, das aufgeschlagen vor ihr liegt, sondern zieht es vor, in einen Spiegel zu blikken. Klugheit ist für den Erfinder des Bildes nicht identisch mit Bildung, sondern an Selbsterkenntnis geknüpft. Im übrigen schreckt Prudentia vor dem Spiegelbild zurück. Worum es hierbei geht, ist die Wahrnehmung der eigenen Mißgestalt, d.h. Sündhaftigkeit. Klugheit zielt somit auf die Fähigkeit zur Selbstkritik in christlichem Geist. Das ist die Botschaft des Stifters an sich selbst und an die Eintretenden.

Die programmatischen Allegorien, die den Sinn von Scrovegnis Stiftung erläutern, finden sich am Westende des Kapellensaals, in den Ecken zu Füßen des Weltgerichtsbildes. Auf der Südwand erscheint Spes (Hoffnung), der Flügel verliehen sind und die der Krone des ewigen Lebens entgegenfliegt. Im Gerichtsbild ist es die Seite der Fürbitter und Erlösten (Abb. 16). Deren Bewegung auf die Maria von der Barmherzigkeit und letztlich auf Christus hin greift den Fluggestus von Spes auf. Auf der Nordwand, der Lasterseite, wo am Chorbogen die Judasszene steht und im Gerichtsbild die Hölle glüht, findet sich die Allegorie der Desperatio (Verzweiflung): eine Frau, die sich nicht etwa erhängt hat (wie man in Beschreibungen der Kapelle lesen kann), vielmehr unter dem Einfluß des Teufels wütend dabei ist, sich zu strangulieren – Verzweiflung als ein gewalttätiger Affekt. Besucher früherer Zeiten haben das Gesicht der Frau und Teile Satans weggekratzt, ein Indiz, wie intensiv die Darstellung trotz ihres distanzierten Modus wirkte und daß sie den Abscheu der Kirchgänger hervorrief. In der Höllenszene des Gerichtsbildes sind der erhängte Judas und erhängte Wucherer dargestellt. Die Botschaft ist klar und nicht mehr neu: Hoffnung ist die wichtigste Qualifikation zur Erlösung, Verzweiflung führt in die Verdammnis.

Zu ebenso erschütternden wie aufschlußreichen Ergebnissen kommt die Improvisation über den Begriff Infidelitas (Unglauben, Abb. 15). Es handelt sich um eine pathetische, ja heroische Frauengestalt. Aus der Inschrift darunter wird klar, daß man sie sich als hinkend vorzustellen hat. Schleppend also bewegt sie sich von der Stelle, und zwar in Richtung eines Feuers, das Giotto wenig realistisch, nämlich so wiedergegeben hat, als seien die Flammen aus rotem Marmor gehauen, poliert und in den weißen Grund eingelassen. Die Richtung wird vorgegeben von einem Figürchen, das die Frau in der Rechten trägt, von dem sie aber auch an einer Schlinge vorwärts gezogen wird. Unglauben ist definiert als Glauben an ein Idol, über das man verfügt und dem man sich paradoxerweise trotzdem ausliefert; der Ungläubige liefert sich dem eigenen Phantasma aus. Dazu muß er blind gegenüber den Angeboten des rechten Glaubens sein, und dies ist in dem Bildfeld gleichfalls dargestellt, nämlich in der rechten oberen Ecke durch eine Gotteserscheinung, die wir sehen, aber Infidelitas nicht. Auch hier gilt: Giottos Allegorie des Unglaubens ist deutlich mehr als Illustration, sie bietet tiefgreifende Reflexion im visuellen Medium und kommt zu Ergebnissen, die nicht naheliegen.

Natürlich ist es riskant, diese Überlegungen umstandslos Giotto und damit einem Mann zuzuschreiben, über dessen Bildung wir nichts wissen – zumal es die Inschriften unter den Bildfeldern gibt. Sie enthalten lateinische Reime, die sich mit den von Giotto dargestellten Inhalten berühren, aber weder seine Vorlagen noch Beschreibungen nach den Bildern sein können. Am ehesten verhielt es sich so, daß Giotto und der Dichter – vielleicht der im Weltgericht dargestellte Kanoniker – auf

Augenhöhe zusammengearbeitet haben. In diesem Fall hätte Giotto in Padua nicht nur einen lukrativen Auftrag und ein weites Experimentierfeld, sondern auch stimulierende intellektuelle Gesellschaft gefunden. Für sein eigenes späteres Schaffen als Dichter und Sänger (S. 86–92) war diese Begegnung wohl nicht ohne Bedeutung.

Während seiner Paduaner Jahre hat Giotto also zwei Formen visuellen Sprechens (weiter)entwickelt: erstens eine erzählerische, welche vergangene (zuweilen auch zukünftige) Ereignisse für ein Publikum aus einer Beobachterposition heraus erlebbar machte, und zwar so, daß sich Perspektiven auf das Selbst der Betrachter eröffneten. Zweitens eine allegorische, welche ähnliches bei abstrakten Ideen leistete. Die Formel «visuelles Sprechen» (*visibile parlare*) stammt von Dante, der damit in der *Göttlichen Komödie* nicht von Menschenhand gemachte Reliefs am Aufgang zur Ebene der Hochmütigen charakterisiert (*Purgatorium* X, 95). Diese Bildwerke stellen Beispiele der Demut dar; erzählende Bilder sind als Allegorien eingesetzt: die Verkündigung an Maria, Davids Tanz vor der Bundeslade und Trajans Gerechtigkeit. Dante beschreibt Bilder, in deren Protagonisten sich die Betrachter einfühlen. Sie erleben die Emotionen der Dargestellten mit und vernehmen in sich deren Stimmen, etwa die dringlichen Worte der Witwe, die an Trajans Pflichtgefühl appelliert. Der Dichter war vermutlich nicht von Giottos Fresken inspiriert, sondern von den Reliefs römischer Staatsdenkmäler und gleichzeitig von der antiken Textform der Ekphrasis, welche Bilder erzählerisch und oft unter Zuschreibung wörtlicher Rede in Sprache umsetzt. Aber es hätten eben auch Giotto-Bilder sein können, die Dante beschrieb, und wir fänden sie dann angemessen behandelt. Von dem deutschen Mystiker Heinrich Seuse (1295–1366), einem jüngeren Zeitgenossen Dantes und Giottos, gibt es das Wort, es komme darauf an, «daz man bild mit bilden us tribe» («daß man ein Bild mit einem anderen austreibe»). Gemeint ist: Statt sich den Phänomenen der Welt auszuliefern, soll der Fromme, während er über Bilder Christi und der Heiligen nachsinnt, Wahrheit erfahren. Für Seuse (aber sicher nicht nur für ihn) war Bildbetrachtung

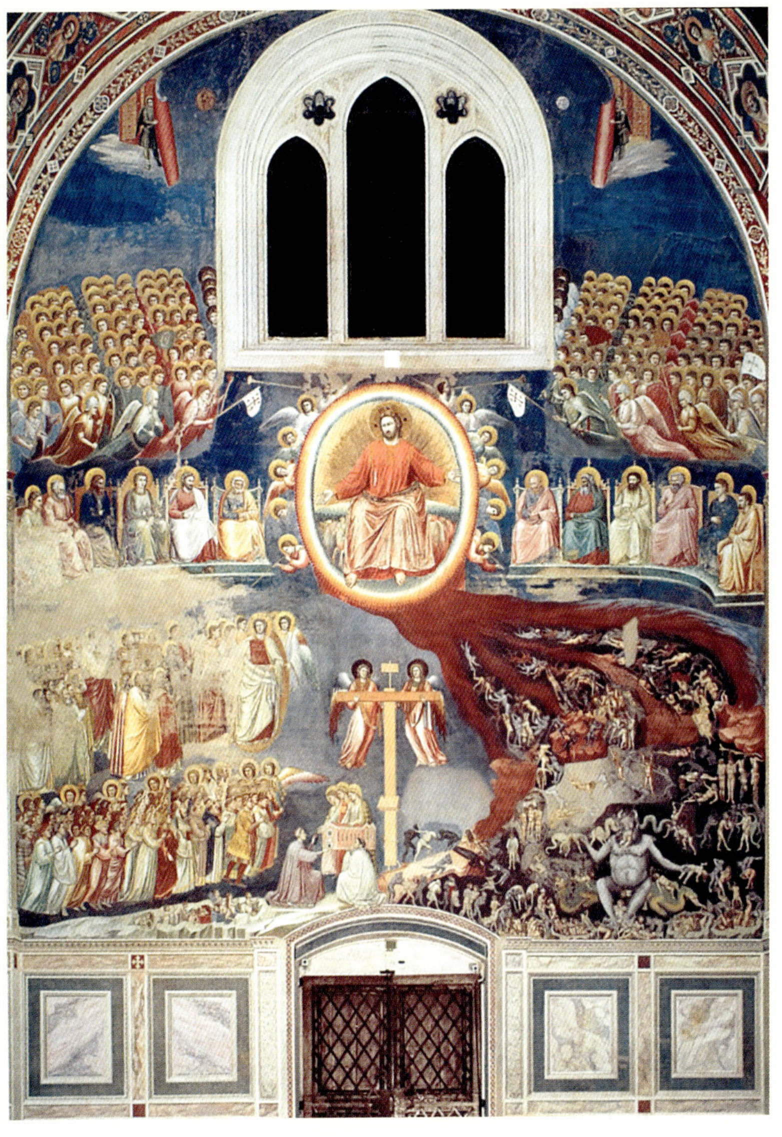

16 Weltgericht, Padua, Arena-Kapelle (1303–1306), Westwand

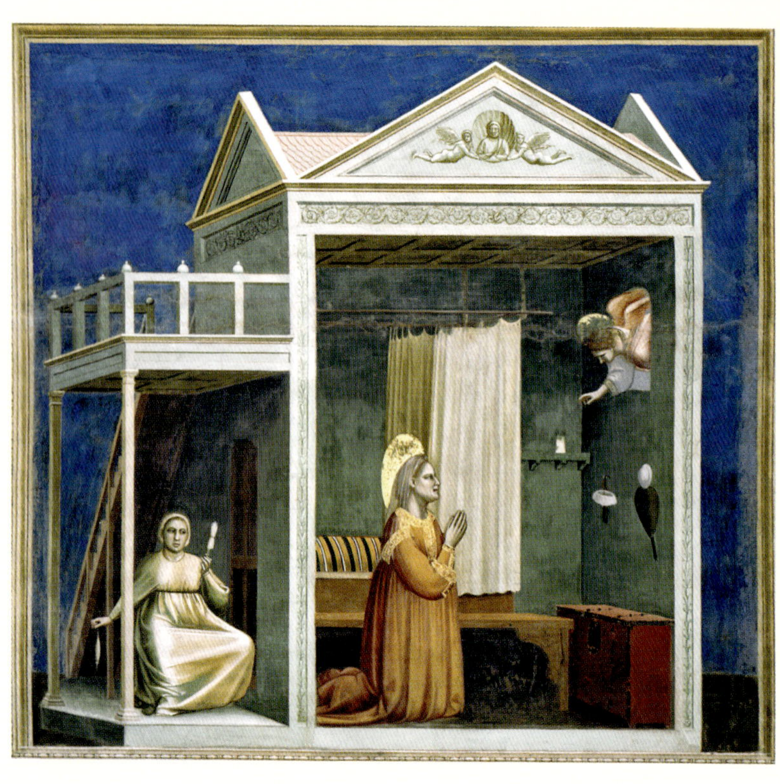

17 Verkündigung an Anna, Padua, Arena-Kapelle (1303–1306)

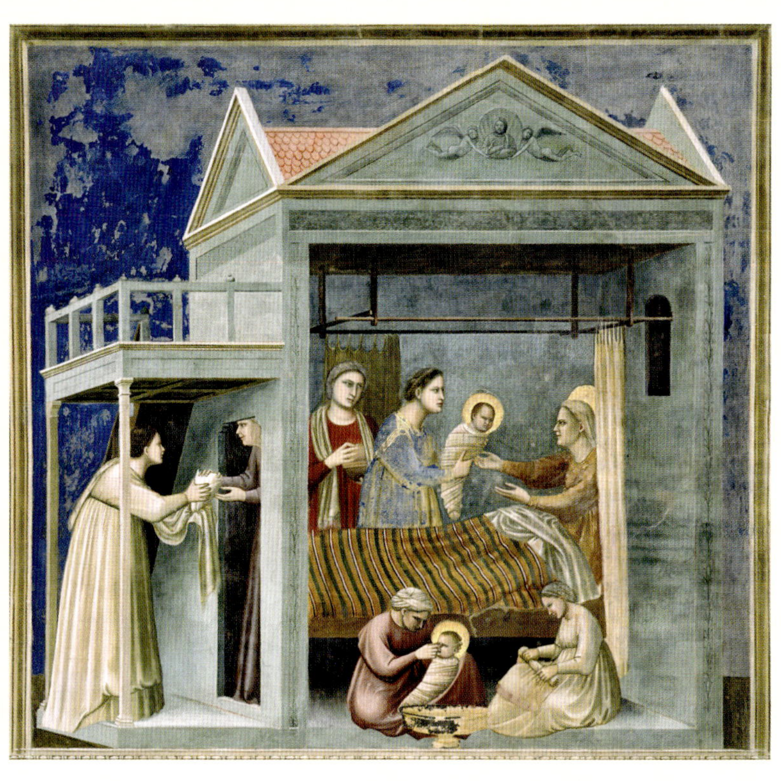

18 Geburt Mariens, Padua, Arena-Kapelle (1303–1306)

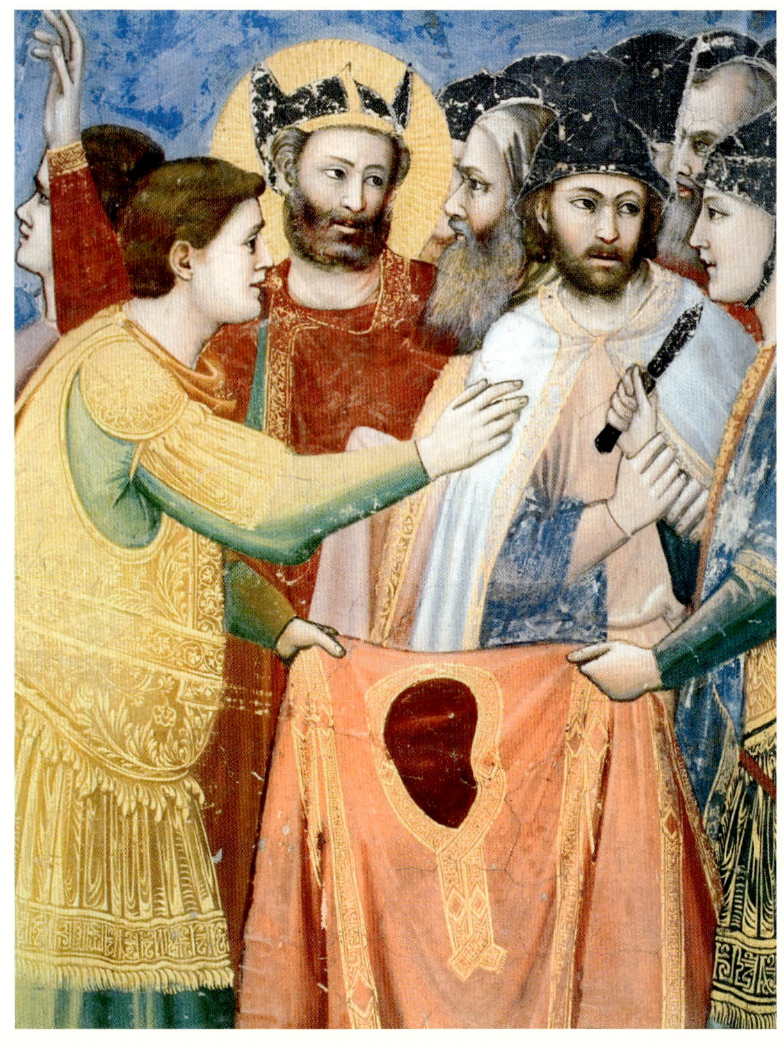

19 Kreuzigung, Detail, Padua, Arena-Kapelle (1303–1306)

ein Weg des Rückzugs, um in einem Leben der Innerlichkeit anzukommen. So gesehen wäre es abwegig, Giottos in Padua vollzogene Hinwendung zu autonomen Bildwelten mit beobachtbaren und nacherlebbaren Erzählungen als eine Profanierung des religiösen Bildes zu lesen. Vielmehr machte er damit ein neues Angebot für eine intensive Bildwahrnehmung. Anders als in der Frühzeit des Malers konkurrieren die Personen und Gegenstände in den Bildern nicht mehr mit denen in der Welt, sondern die Beschauer haben die Wahl und können sich entweder ganz der Betrachtung der einen Gruppe oder ganz der Betrachtung der anderen überlassen. Wer sich aber für die Personen und Gegenstände in den Bildern entscheidet, dem kommt Giotto weit entgegen und erlaubt ihm, in den gemalten Welten mit seinen in der Welt erworbenen Kompetenzen zu operieren.

5. Lebt und arbeitet in Florenz

Freu dich, Florenz, groß wie du bist,
Die Flügel schlägst du über Land und Meer.
Und durch die Hölle dringt dein Name!

So Dante in der *Göttlichen Komödie* (*Inferno* XXVI, 1–3) über die Stadt, aus der er als ein politischer Dissident verbannt worden war, in der man ihn zum Tode verurteilt hatte – und die für ihn dennoch das Zentrum der Welt blieb, und nicht nur aus sentimentalen Gründen: Florenz war *die* Wirtschaftsmetropole im Europa der Jahrzehnte um 1300. Hier wurde Geld verdient wie nirgendwo sonst. Offen standen nicht nur Handelswege in die ganze Welt, sondern für die vielen geldverliebten und gottvergessenen Judasse des Alltags auch die Pforten der Hölle. Kein besserer Standort war für einen Künstler wie Giotto denkbar.

Daß Giotto ein Haus in Florenz besaß, wissen wir für die Zeit ab Mai 1301. Es lag nicht weit vom Haus des Schmiedes Bondone. 1305 und 1307 war es ganz oder teilweise vermietet. Der Grund dafür kann nur gewesen sein, daß der Maler in diesen Jahren in Padua arbeitete: Neben den Arena-Fresken, deren Auftrag ihn wahrscheinlich nach Norden gelockt hatte, hinterließ er dort im Ratspalast und in San Antonio (heute verlorene) Bilder. Aus dem Veneto zurückgekehrt, dürfte er das Haus wieder selbst genutzt haben. Jedenfalls stellte er sich von da an überall als der Pfarre von Santa Maria Novella angehörig vor.

Das Haus kann mit Mitteln aus dem Honorar für die Navicella erworben worden sein. Der Gesamtbetrag, den Stefaneschi für das Mosaik aufwendete, hätte für vier bis fünf Häuser in ähnlicher Lage in Florenz gereicht. Zu berücksichtigen ist in diesem Zusammenhang aber auch ein anderer bedeutender Auftrag, nämlich das Kreuz von Santa Maria Novella (Abb. 22). Giovanni Previtali hat gezeigt, daß es 1301 bereits ganz oder weitgehend fertig gewesen sein muß, denn in diesem Jahr wurde es kopiert bzw. variiert. Es war wohl das erste große Werk Giottos in Florenz und ausgerechnet für die eigene Pfarrkirche bestimmt. Daran knüpft sich die Frage, ob die Dominikaner von Santa Maria Novella dem Maler bei der Niederlassung in seiner Vaterstadt geholfen haben. Ein junger Maler aus einer Familie der eigenen Pfarrei, der in Rom an der Kurie Erfolg gehabt hatte, war in den Augen der Mönche sicher eine der Förderung würdige Existenz. Und der Effekt gab solchen Überlegungen recht: Denkt man sich Giottos Kreuz als Antwort auf Cimabues Kreuz für Santa Croce in Florenz, so tritt es als ein Medienereignis vergleichbar der Madonna Ruccellai in Erscheinung – ein Bild, das den Florentinern ein radikal neues visuell-spirituelles Angebot machte. Im auf Präsenz zielenden Stil der damals noch nicht lange zurückliegenden Arbeiten für Rom und Assisi bringt Giotto den toten Christus in der Kirche zum Erscheinen: Das Kreuz hing ursprünglich mitten im Kirchenschiff und nicht weit unter dem Gewölbe. So schwebte ein gewaltig großer und, wie wir wissen, von einer Öllampe rund um die Uhr beleuchteter heiliger Leichnam über den Köpfen der Florentiner und versetzte die Andächtigen, die zu ihm aufblickten, nach Golgotha.

Der 1302 aus Florenz ausgewiesene Dante dürfte die Installation von Giottos Kreuz und das Echo darauf noch in der Stadt erlebt haben. Wenn also die berühmte Terzine, welche die öffentliche Reaktion auf Werke der Maler Giotto und Cimabue beschreibt (S. 7), von einem konkreten Anlaß inspiriert war, dann am ehesten von der Konkurrenz zwischen den Kreuzen der großen Florentiner Ordenskirchen: Cimabues Kreuz bei den Franziskanern von Santa Croce und Giottos Antwort in Santa Maria Novella. Allerdings war es kaum Giotto, der den Wettbewerb gesucht hat, sondern die Dominikaner oder ihre Freunde. Sie erlebten in jenen Jahren, wie am anderen Ende der Stadt mit Santa Croce eine Kirche in den Himmel zu wachsen begann, welche die ihre an Attraktivität übertreffen würde.

Daß der Auftrag für das Kreuz aus einem lokalen Netzwerk erwuchs, deutet sich in einem Testament von 1312 an: Riccuccio di Puccio, Mitglied der Laudesi-Bruderschaft und offenbar wohlhabend, hinterließ unter anderem Geld für die Beleuchtung zweier Bilder in Santa Maria Novella. Das eine war die Madonna Ruccellai, für die kein Malername fällt, das andere das Kreuz, von dem gesagt wird, «der berühmte Maler Giotto» habe es verfertigt. Wie aus dem Text hervorgeht, hatte Riccuccio zu diesem Zeitpunkt auch selbst schon ein Bild von Giotto malen lassen, nämlich eine Tafel für das Dominikanerkloster in Prato, dem sein geistlicher Mentor Ricoldo di Montecroce zeitweilig vorgestanden war. Zur Zeit, als das Kreuz in Santa Maria Novella entstand, gehörte Ricoldo jedoch dem Florentiner Konvent an. Irgendwann in den Jahren vor 1301 war er von einer Missionsreise in den Orient zurückgekehrt, die ihn zu einer Zelebrität machte. Unter den Zeugen der Niederschrift von Riccuccios Testaments aber treten Nachbarn Giottos auf: Eine kleine Welt mit weiten Ausblicken und dem Kloster der Dominikaner als Zentrum wird greifbar.

Beobachtet man, wie ab 1318 Giottos Kinder nach und nach in Urkunden als Akteure und damit als Erwachsene auftreten, so wird wahrscheinlich, daß der Maler in den Jahren um 1300 auch geheiratet hat. Seine Ehefrau Ciuta, von der noch die Rede sein wird, war Florentinerin, und so wird die Eheschließung mit

Giottos Etablierung in Florenz und im Umfeld von Santa Maria Novella in Zusammenhang stehen.

Es folgten noch das Zwischenspiel in Padua (1303–1307) und ein kurzer Aufenthalt in Assisi 1308. Damals entstand wahrscheinlich die Ausmalung der Magdalenen-Kapelle, die man ähnlich wie die Arena-Kapelle zu den Randerscheinungen der Tätigkeit für die Kurie rechnen kann: Der Auftraggeber, Teobaldo Pontano, muß Papst Bonifaz VIII. nahegestanden haben, sonst hätte ihm dieser nicht in kirchenpolitisch schwieriger Zeit die Schlüsselposition eines Bischofs von Assisi anvertraut. Danach war Giotto zwei Jahrzehnte lang ziemlich kontinuierlich in Florenz und überwiegend für Florentiner Auftraggeber tätig. Die einzige gesicherte Unterbrechung ist ein Rom-Aufenthalt wohl um 1312, als die Freskierung der «Capella» bzw. «Tribuna» für St. Peter entstand. Denkbar ist auch ein kurzer Aufenthalt in Avignon 1316/17. Tafelbilder für auswärtige Besteller wie das Franziskusbild der Familie Cinquini für San Francesco in Pisa (Paris, Louvre), der Stefaneschi-Altar für St. Peter in Rom (Rom, Pinacoteca Vaticana) und der Altar für die Bologneser Familie Pepoli (Bologna, Pinacoteca Nazionale) wurden sicher im Florentiner Atelier gemalt. Unter den heimischen Auftraggebern waren die Benediktiner der Badia, die Humiliaten von Ognissanti (oder die von diesen Brüdern gewonnenen Stifter), die Familie Bardi – die reichste Familie der Stadt – und für die Allegorie des *Comune Rubato* schließlich die Stadtregierung oder der Podestà, der Vorstand der Exekutive: In Giottos Florentiner Auftraggebern entfaltet sich ein Panorama der kommunalen Eliten. So überrascht es wenig, wenn in diesen Jahren nicht nur Giottos Familie wuchs (auf sieben Kinder), sondern auch sein Vermögen.

Daß Giotto Geld anlegte, läßt sich in den Urkunden besser greifen, als daß er malte. Die Nachrichten setzen 1311 ein. Dieses Datum hat jedoch nicht nur mit Giottos Aktivität, sondern auch mit seiner rechtlichen Stellung zu tun. Im Notariatsprotokoll vom 3. Dezember 1311, das ihn zum ersten Mal bei einem Vertragsabschluß zeigt, wird er genannt als *Giottus filius emancipatus Bondonis pictor de sancte Marie novelle* («Giotto, der freigesprochene Sohn des Bondone, Maler von Santa Maria Novella»). Dabei umschreibt der Begriff *emancipatus* die volle Geschäfts- und Rechtsfähigkeit des Klienten. Volljährigkeit stellte sich nicht wie heute automatisch ein, sondern mußte mit dem Vater ausgehandelt werden – oder war erst nach dessen Tod gegeben. Daß ein in ganz Italien bekannter Maler noch lange unter der Kuratel eines alten Schmiedes gestanden hat und deshalb keine Verträge schloß, ist eine befremdliche und doch realistische Vorstellung.

Kreativität bei der Anlage von Geld verrät dann eine Urkunde von 1312: Giotto vermietete einen französischen Webstuhl (*telarium francigenum*) an einen Heimarbeiter namens Bartolo. Die Blüte der Florentiner Wollindustrie vollzog sich nicht zuletzt auf den Schultern der Heimarbeiter. Die ärmeren liehen die Webstühle von den Unternehmern der Wollweberzunft, wobei es die verschiedensten Konditionen gab. Trotzdem war der hier behandelte Fall nicht alltäglich. Bemerkenswert ist erstens, daß jemand, der *nicht* Textilunternehmer war, ein solches Geschäft machte, zweitens, daß es um einen *französischen* Webstuhl ging. Das in Florenz hergestellte Tuch war so lange billige Massenware, bis man im frühen 14. Jahrhundert die französischen Webtechniken nachahmte. Ein früherer Beleg dafür, wie dies bewerkstelligt wurde, als die hier zitierte Urkunde ist bisher nicht bekannt geworden.

Wenn nicht ererbt, dann war als Geldanlage erworben auch Giottos Grundbesitz im Mugello nördlich von Florenz. Von 1318 an waren entweder Giotto oder seine Vertreter Jahr für Jahr (mit bis zu 16 Nennungen pro Jahr) geschäftlich dort tätig. Dabei zeichnet sich deutlich eine Erwerbungsphase in den frühen zwanziger Jahren ab. Möglicherweise hat Giottos Besitz erst damals jenen Umfang erreicht, der ein bequemes Leben auf dem Land erlaubte. Die meisten Aktivitäten der Giotto-Familie spielten sich in den Dörfern des Pfarrbezirks von San Cassiano in Padule ab, genauer im Prioratsbezirk von San Martino a Vespignano. San Martino war auch die Kirche, in der Bondone di Giotto, der Sohn des Malers, seine ihm vom Papst selbst zugesagte Pfarrstelle antrat – um sie bald wieder aufzugeben. 1328 wird er als Prior von San Martino genannt. 1329 führt sein Bruder Francesco di Giotto denselben Titel, während wir davon ausgehen müssen, daß Bondone irgendwann geheiratet hat; seine Tochter Paula, Gattin immerhin eines Notars, sah 1376 kein Problem darin, Bondone ihren Vater und den «magnifico» Giotto ihren Großvater zu nennen.

Deutlich ist, daß in der Giotto-Familie Situationen nicht hingenommen, sondern gestaltet wurden. Der päpstliche Gunstbeweis sollte nicht nur Bondone ein Auskommen verschaffen, sondern die Stellung der Familie an ihrem ländlichen Standort insgesamt stärken. Man kann sich unschwer vorstellen, wie die Besitztümer der Kirche San Martino, über die Bondone und später Francesco verfügte, kombiniert mit dem eigenen Grundbesitz der Familie die Kulisse für eine geradezu feudale Position in Vespignano und Umgebung bildeten.

Giotto scheint zwischen 1318 und 1326 abwechselnd in Florenz und auf dem Land gewohnt zu haben, wobei die ländlichen Angelegenheiten mehr Pergament produzierten als die städtischen. Demgegenüber hat Giottos Tätigkeit als Maler in Florenz keine Dokumente hinterlassen. Möglicherweise wurde vieles statt «privatrechtlich» über die Zunft geregelt. So wäre auch zu erklären, daß der Vertrag der Laudesi mit Duccio von 1285 für viele Jahrzehnte der einzige bekannte Florentiner Künstlervertrag bleiben sollte: Duccio war als Sienese nicht ins Florentiner Zunftsystem eingebunden. Von Ausnahmen insbesondere in Rom und Neapel abgesehen ist Giottos Oeuvre nicht durch Urkunden, sondern durch erzählende Quellen dokumentiert (hervorzuheben sind das *Libro di Antonio Billi* und Ghibertis *Commentarii*) und daher weniger zuverlässig überliefert als die Kredite, die er gab, und die Grundstücke, die er kaufte.

So steht ohne zeitgenössische Dokumentation auch Giottos Hauptwerk in den Uffizien da, die Madonna aus der Kirche Ognissanti (Abb. 23). Doch galt die Tafel im 15. Jahrhundert als ein Bild Giottos, und damit wollen wir uns zufriedengeben. Inflationär wurden die Zuschreibungen an den Maler erst im mittleren 16. Jahrhundert, als Giorgio Vasari versuchte, Giottos

Leben und Werk nach den Standards eines Zeitgenossen und Renaissance-Künstlers zu rekonstruieren. Was die Funktion der Tafel angeht, so ist sie unklar: Früher war es selbstverständlich, in ihr und ähnlichen Madonnentafeln – etwa in der Madonna Rucellai – das ursprüngliche Altarbild für den Hochaltar der jeweiligen Kirche zu sehen. Das ist heute zweifelhaft. Der Typ der hochformatigen, raumfüllend großen Tafel ist jedenfalls eher ein Modell für Hochaltarbilder des 16. bis 18. Jahrhunderts, als für solche in Giottos Zeit. Sicher ist, daß die Madonnen nicht einfach nur Bilder waren, die etwas schmückten, sondern Heiligtümer, denen ein eigener Kult galt (so daß es des Zusammenhangs mit einem Altar wohl gar nicht bedurfte). Dazu gehörte, daß die Bruderschaften oder Konvente, die sie bei den Malern in Auftrag gegeben hatten, vor ihnen Lauden (Loblieder) sangen. Überliefert ist der folgende Hymnus, der vor der 1261 von dem Florentiner Maler Coppo di Marcovaldo geschaffenen Madonna del Bordone in der Sieneser Servitenkirche erklang:

Gegrüßt seist du, Jungfrau der Jungfrauen; gegrüßt seist du,
Licht der Lichter, gegrüßt seist du, Mutter der Gnade.
Gegrüßt seist du, Heil der Menschen; gegrüßt seist du, Hoffnung
auf Trost; gegrüßt seist du, Weg in die Heimat.
Gegrüßt seist du, Jungfrau Maria; gegrüßt seist du, Gnadenvolle;
gegrüßt seist du, Verehrungswürdige.
Gegrüßt seist du, Tochter Gottes, gegrüßt seist du, milde Mutter,
gegrüßt seist du, Unaussprechliche.
Gegrüßt seist du, Abglanz der Herrlichkeit, strahlend am Mittag
über allen Gestirnen.
Gegrüßt seist du, Pforte der Gnade, Quell der Barmherzigkeit,
lieblicher als alles.
Sei gegrüßt, Licht des Himmels, sei gegrüßt, Friede der Gläubigen,
sei gegrüßt, Allerseligste.
Sei gegrüßt, unsere Freude, Trösterin der Herzen, sei gegrüßt,
Allergütigste.
Wir rufen zu dir, Herrin, neige dein Ohr dem Bitten der
Bittenden zu,
Auf daß wir durch deine Arznei mit dir im Himmel herrschen
werden. Amen.

So oder ähnlich sangen ab 1285 auch die Mitglieder der Laudesi-Bruderschaft vor Duccios Madonna in Santa Maria Novella (Abb. 7) und später die Humiliatenbrüder von Ognissanti vor Giottos Muttergottestafel. Beide Bilder sind heute im selben Saal der Uffizien aufgestellt und laden zum Vergleich ein. Vermutlich hat Giotto seine Tafel aber von vornherein als eine Art Antwort oder Alternative zu Duccio konzipiert. Dabei fällt auf, daß die Mutter-Kind-Gruppe auf den beiden Bildern praktisch identisch ist: Hier wie dort tritt Christus sprechend oder lehrend auf (bei Giotto verdeutlicht dies eine kleine Schriftrolle). Maria hält ihn schützend und blickt uns an, ein Blick, dem wir Wissen beizulegen haben. Sie weiß um die Zumutung, daß ihr Sohn für unsere Sünden sterben wird. Wir hingegen wissen, daß sie uns trotzdem als Fürbitterin beisteht und Anrufungen wie der hier abgedruckten grundsätzlich zugänglich ist.

Im übrigen hebt sich Giottos Lösung von der Duccios aber ab, am markantesten darin, wie das Erscheinen im Bild motiviert ist: Duccios Muttergottes einschließlich ihres hölzernen Thrones wird von Engeln präsentiert. Wunderbar und flüchtig, aber gerade dadurch in ihrer Gegenwart beglaubigt, kommt sie vor unsere Augen. Demgegenüber ist Giottos Muttergottes im Bild wie selbstverständlich anwesend. Der marmorne Sitz ist ortsfest, ewiger Thron der Madonna, um den ihr Hofstaat aus Engeln und Heiligen zusammengekommen ist – und *vor* dem sich die frommen Sänger und Nichtsänger einfinden. Eine gleißend bunte Marmorstufe liegt halb als Einladung, halb als Schwelle zwischen den Betrachtern und der Muttergottes. Während Duccios Engel die Madonna gleichsam in die Kirche und die Welt des Betrachters hineintragen, flankieren Giottos Engel den Weg, der den Betrachter aus dem Kirchenraum zur Madonna führen würde, könnte er ihn nur wirklich beschreiten. Die Gaben, die sie bringen, Blumen, eine Krone, ein Salbgefäß, könnten seine Gaben sein. Daß es sich ganz so nicht verhält, sondern das Bild eine eigene und bessere Welt als die reale ist, die man weder betreten noch mit Geschenken bereichern kann, macht der Maler durchaus deutlich. Zu den abstrahierenden Elementen gehört die gesuchte Farbigkeit: Theodor Hetzer wies auf die Verteilung des Zinnoberrot, «dieser gefährlichsten Farbe» hin, mit welcher der Räumlichkeit entgegengearbeitet wird. Aber der Wunsch, es möge sich anders verhalten und der Raum des Bildes wäre wirklich und betretbar, wird vom Maler doch deutlich genug provoziert und erscheint nicht unzulässig.

Zu dem, was uns einlädt, gehören auch die Blicke der Engel und der Heiligen. Sie sind auf Maria und Christus gerichtet und tragen so dazu bei, unsere Aufmerksamkeit auf die Hauptfiguren auszurichten. Das bildinterne Blicken ist von großer emotionaler Kraft, nicht zuletzt durch den Einsatz des Profils bei den vier Engeln, die den Betrachtern am nächsten sind. Am heftigsten ist die Wirkung bei den beiden Knienden. Blick und Haltung einschließlich der wie sprachlos herabgesunkenen Hände rufen den Eindruck einer glückseligen Überwältigung hervor.

Direkt dem Betrachter widmet sich der Blick der Muttergottes. Ungeachtet des Umstandes, daß man sich intensiv angesprochen fühlt, hat man den Eindruck, dem Maler sei dieser Effekt nicht ganz leichtgefallen. Die Kopfwendung ist verhältnismäßig stark; dadurch gewinnt der Blick eine gewisse Spontaneität (im Gegensatz zur Rucellai-Madonna). Aber die Ausrichtung der Pupillen wird bei näherem Hinsehen fragwürdig. Der leicht geöffnete Mund, der zwischen den Lippen andeutungsweise die Zähne sehen läßt, suggeriert ein Sprechen – wohl eine leise Ermunterung an die Adressaten des Bildes. Für an der Renaissance geschulte Augen hatte die Intensität dieses Gesichts etwas Abstoßendes. Deshalb war es in der frühen Neuzeit übermalt und «reguliert» worden: der Mund geschlossen, das Kinn ins Oval integriert. Für die Zeitgenossen, so ist anzunehmen, war es gerade durch eine Herbheit berührend, die als Individualität und Gegenwärtigkeit erlebt werden konnte.

Zwei Eigenarten müssen noch erwähnt werden: erstens die Präsenz der Körper von Mutter und Kind unter den Gewändern. Die Brüste der Ognissanti-Madonna sind in unserer Wahrnehmung fast so gegenwärtig wie ihr Gesicht. Das prominente Erscheinen im Bild läßt sich als Gnadenargument lesen. Wie sollte Christus nicht den Fürbitten jener Frau ein Ohr leihen, die ihn am Busen genährt hat? Um einen Text dazu zu geben: Am Heilsbronner Mengot-Epitaph zeigt Maria Christus ihre Brust und sagt (so die Worte auf einer Banderole): «Weil Du hieran gesogen hast, mein Sohn, erbitte ich Verzeihung für jenen.» *Jener*, das ist der Stifter. Und Christus reagiert, indem er sich an Gott selbst wendet und sagt: »Sieh meine Wunden, Vater, tu, worum Dich meine Mutter bittet.»

Über das Semantische hinaus handelt es sich bei der betonten Körperlichkeit aber auch um einen empirischen Zug im Bild, der die Wirklichkeitserfahrung des Betrachters anspricht und ihm das Dargestellte glaubhaft macht. Das gilt ebenso für das zweite Element, auf das ich hinweisen will: Der Thron ist aus kostbarstem Marmor, aber Maria setzt ihre Füße auf ein simples Holzbrett. Das mag eine Anspielung auf das Material des Kreuzes und auf ihr Vorwissen um die Passion sein. Das unterlegte Brett ist aber auch gut gegen kalte Füße, und das ging den Betrachtern sicher ebenso durch den Kopf. Das Brett verwandelt den Thron, der so prächtig ist, wie es nur ein jenseitiger sein kann, in einen Gegenstand, der Anschluß an die Alltagserfahrung der Betrachter hat. Die Welt in Giottos Bild ist zweifellos besser als die unsere, aber bestimmte Einzelheiten lassen sich von unserer Welt her durchaus verstehen, und also erscheint das Überweltliche, das Giotto in der Tafel gemalt hat, von greifbarer Relevanz in der Welt ihrer andächtigen Nutzer.

Doch Giotto erreichten in Florenz durchaus nicht nur Aufträge für religiöse Gegenstände. «Im Palast des Podestà von Florenz malte er im Innern die Kommune, wie sie beraubt wird», schreibt Ghiberti über eine Komposition im Palazzo del Bargello. Das Fresko des *Comune Rubato* ist nicht erhalten, doch gibt es neben Ghibertis Satz immerhin noch zwei Quellen, einen Text und ein Relief, die eine Vorstellung geben können.

Der Text ist ein unter Dantes Namen überliefertes Sonett, das heute als ein Werk des Antonio Pucci und damit als ein Text des mittleren bis späten 14. Jahrhunderts gilt. Er beklagt das Schicksal einer «Kommune», welche der Autor vor sich sieht (als Bild?):

Weh, Kommune, wie richten sie Dich zu,
Die Fremden, die Nachbarn
Und am ärgsten noch Deine Bürger,
Die Dich doch schätzen müßten!

Wo sie Dich ehren sollten, tun sie Dir Böses –
Da gibt es kein Gesetz, das Dich schützt.
Ob mit Feilen, mit Sägen oder Haken:
Ein jeder versucht, sich etwas abzuzwacken.

Nicht das Haar auf dem Kopf gönnen sie Dir.
Der packt das Szepter, jener zieht die Strümpfe
Und Schuhe Dir aus und ein anderer das Gewand.

Jede Strafe gegen sie fällt nur auf Dich zurück,
Und keiner denkt an Deinen Kummer oder
Daran, daß Du untergehst, wenn er sich erhöht.

Alle bereichern sie sich nur, und
Viele machen sich durch Dich zu Herren
Und am Ende sind sie nur zu Deinem Schaden.

Der Bibliothekar Salomone Morpurgo brachte die Verse mit Ghibertis Satz in Verbindung, und das lenkte seine Aufmerksamkeit auf eines der Reliefs am Grabmal des Bischofs und Tyrannen Guido Tarlati im Dom von Arezzo (Abb. 20). Die Darstellung hat dort die Aufgabe, jene angebliche Krise in Arezzo zu visualisieren, welcher Guidos Putsch 1321 ein Ende gemacht haben soll. Der konzeptionellen Qualität nach ist es den anderen Platten deutlich überlegen. Das Relief kann also sehr gut eine Kopie nach einem Fresko Giottos sein.

Wenn damit eine Vorstellung vom Aussehen der Allegorie im Bargello gewonnen ist, kann man nun versuchen, die Aufgabe zu bestimmen, die dem Bild in der politischen Kultur von Florenz zukam. Der Bargello war Amtssitz des Podestà (Bürgermeister, Stadtvogt). Hier residierte er mit seinem Gerichtshof und Gefolge und versuchte das Leben der Florentiner auf der Grundlage der Beschlüsse ihres Rates zu lenken. Er hatte von Adel und *kein* Einheimischer zu sein; damit schienen hohe Denkungsart und Unabhängigkeit garantiert. Seit 1290 war seine

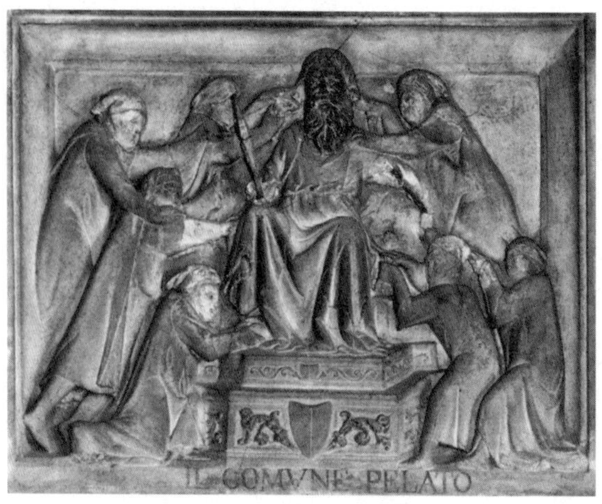

20 Allegorie, Kopie nach Giotto, Arezzo, Dom, Grabmal des Guido Tarlati († 1327)

Amtszeit auf ein halbes Jahr begrenzt, was ihn daran hindern sollte, eine eigene Machtbasis aufzubauen. Von Bedeutung ist auch, daß ab 1313 als Podestà oder statt eines Podestà die Vikare des Königs von Neapel im Bargello residierten. Ihre Amtsführung war von wirklicher Macht getragen, nämlich von der des weisen Königs Robert, der für die (meisten) Florentiner ein Garant von Frieden war. Unter den Vikaren wurde der Palast ausgebaut, wobei aber die Kommune die Kosten trug. So kann als Giottos Auftraggeber für die Allegorie die Kommune aufgetreten sein, aber ebenso auch einer der vielen Amtsinhaber. In Frage kommt sogar der König von Neapel. Der Unterschied für die Interpretation des Bildes ist gering.

Die überlieferte Darstellung argumentiert kaum zufällig aus der negativen Perspektive. In abschreckender Form wird gezeigt, was der Staat ohne Zentralgewalt wäre, ohne das also, was der Podestà durchzusetzen hatte: ein hilfloses Opfer der Selbstsucht seiner Bürger. Das Relief in Arezzo läßt einige Dramatik erkennen. Die Gestalt des gleichermaßen königlichen und wehrlosen Alten zieht uns an; abstoßend sind die Rohlinge in ihren modischen Kleidern, die sich – ebenso rücksichtslos gegen ihn wie untereinander – bedienen, als hätten sie es mit einem Kleiderständer zu tun. Wenn mit diesen Motiven Giottos Fresko authentisch wiedergegeben ist, dann war es dem Maler gelungen, eine hochabstrakte Vorstellung (die im politischen Diskurs ja bis heute nicht leicht zu vermitteln ist) hochgradig emotional zu repräsentieren. Mit Giottos Allegorie im Rücken, so stellt man sich vor, gewann das Amt des Podestà Sympathie und Legitimität. Wer demgegenüber Partikularinteressen geltend machte, fand sich in der Rolle eines Gauners wieder. Deutlich ist aber auch, wie leicht das Bild mißbraucht werden konnte: Schließlich rechtfertigte die Reliefkopie in Arezzo die Errichtung einer Zwangsherrschaft.

In der Überschneidung von Personifikation und Erzählung und in den emotionalen Zügen setzte der *Comune rubato* die Allegorien der Arena-Kapelle fort. Giotto hat die neue gleichnishafte Redeform, die sich ans Auge wendet, aus dem religiösen ins politische Milieu und aus dem Veneto in die Toskana übertragen. Interessant ist auch, welche Folgewerke das auslöste: Die Rede ist von den Allegorien im Palazzo Pubblico in Siena, wo Ambrogio Lorenzetti in wandfüllenden Bildern die gute und die schlechte Herrschaft sowie das politische System von Siena veranschaulichte. Heute sind es diese Fresken, die für die politisch-allegorische Bildsprache des späten Mittelalters stehen, und Giottos Vorbild wird leicht vergessen.

6. Bankiers und Bettelmönche

Der vielleicht wichtigste Freskenauftrag, den Giotto in seiner Vaterstadt erhielt, war der für die Chorkapelle der Badia, des ebenso alten wie vornehmen Benediktinerklosters im Herzen der Stadt. Er dürfte um 1310 ergangen sein, denn in diesem Jahr wurde in dem Neubau der Hochaltar geweiht. Leider ist von den Darstellungen so gut wie nichts erhalten – hier klafft eine empfindliche Lücke in unserer Kenntnis von Giottos Werkfolge. Daneben fehlt mit der Ausmalung entweder der Prototyp oder eine wichtige Entwicklungsform der klassischen Florentiner Kapellendekoration. So sind es nun die Wandbilder in den schachtartig engen Kapellen der Franziskanerkirche Santa Croce, welche für die Florentiner Konventionen stehen.

Die stilistisch und technisch sehr verschiedenen Dekorationen in der Bardi- und der Peruzzi-Kapelle sind durch Quellen des 15. und frühen 16. Jahrhunderts als Werke Giottos belegt. Von den beiden Räumen ist die Bardi-Kapelle der liturgisch bedeutendere: besser gelegen und mit dem wichtigeren Weihetitel ausgestattet. Der heilige Franziskus, dem die Kapelle zugeeignet ist, ist nicht nur der Ordensheilige, sondern auch der Co-Patron der Kirche. Die Gründungsinschrift von Santa Croce sagt, der Bau sei sowohl dem heiligen Kreuz als auch dem heiligen Franz geweiht. Demnach ist der Altar der Bardi-Kapelle eine Art zweiter Hochaltar von Santa Croce. Und wirklich schließt der Raum unmittelbar rechts an die Chorkapelle an und öffnet sich wie diese zum Mittelschiff. Dazu paßt, daß das thematisch wichtigste Fresko von Giottos Zyklus, die Stigmatisation des heiligen Franziskus, gar nicht *in* der Kapelle plaziert ist, sondern darüber und daß es ins Mittelschiff blickt. Das Bild zeigt mit einer dramatisch aufgefaßten Hauptfigur, wie der Heilige die Wundmale Christi erhält – das erste bezeugte Wunder dieser Art – und so zu einem Doppelgänger des Gekreuzigten wird: Die Weihen der Kirche an Franziskus und das Heilige Kreuz kommen in Giottos Gestalt des Stigmatisierten zur Dekkung.

Der Grundstein zu dem gigantischen Neubau von Santa Croce war 1295 gelegt worden. Sein Auftrag bestand auch darin, der Kirche Santa Maria Novella, dem sich langsam der Vollendung nähernden Großbau der Dominikaner, Paroli zu bieten und für die spirituellen Angebote der Franziskaner zu werben. Die ersten Raumteile kamen um 1310 unter Dach. Ab da kann in den Kapellen gemalt worden sein, doch hätte dies zunächst wenig Effekt gehabt, denn liturgisch in Betrieb genommen wurde ein Rumpfteil der Kirche – Kapellen, Querhaus und ein Stück Langhaus – erst um 1320. Erst damals zog der Konvent aus dem Altbau in den Neubau um und gab Alt-Santa Croce zum Abriß frei. Ab diesem Zeitpunkt waren die Wandbilder im Neubau beim Gottesdienst sicht- und für die frommen Betrachter nutzbar. Die wichtigen Darstellungen in und über der Franziskuskapelle werden vordringlich gewesen sein, und man sollte also annehmen, daß Giotto sie kurz vor oder um 1320 geschaffen hat.

Stifter war die Familie Bardi. Sie wurde, soweit wir wissen, durch ihren langjährigen Chef Ridolfo, genannt Doffo, vertreten, der das familieneigene Bank- und Handelshaus zum mächtigsten Unternehmen Italiens, wenn nicht Europas, machte, um es am Ende durch die Geschäfte mit der englischen Krone 1346 in den Ruin zu führen. Mit dem Versuch, eine neue Firma aufzubauen, verbrachte er seine letzten Lebensjahre in England. Trotzdem fand er sein Grab vor der Kapelle. Auch Doffo und seine Verwandten gehörten also zu jenen, deren Seelen – die beste Zeit ihres Lebens jedenfalls – von Reichtum beschwert wurden. Allerdings war Doffo Bardis Strategie, trotzdem das Himmelreich zu gewinnen, eine andere als die Enrico Scrovegnis. Mindestens am Ort seines (zukünftigen und tatsächlichen) Grabes handelte er nicht auf spirituell eigene Faust, sondern vertraute sich einem Orden an, dessen Programm die apostolische Armut war. Zum Kirchenbau und sicher manch anderem guten Werk der besitzlosen Franziskaner trug er bei, und besitzlose Franziskaner lasen unter Giottos Fresken für seine Seele und die Seelen der anderen Bardi die Messe. Das Fresko, das den Tod des heiligen Franz und die Bestätigung der Wundmale zeigt, entwirft nebenbei vielleicht auch ein Bild von Doffos Erwartungen (Abb. 24): Im Franziskanerhabit auf dem Sterbebett – durchaus denkbar, daß auch Doffo in den letzten Stunden seines Lebens die graue Kutte trug und daß er in ihr begraben wurde –, ist der Entschlafende umgeben von Franziskanern, die Beistand leisten und für einen gelungenen Übertritt der Seele ins Jenseits bürgen.

Bei einer grundsätzlich ähnlichen Stilhaltung unterscheiden sich die Fresken im Eindruck deutlich von denen der Arena-Kapelle. Was die Farben angeht, so liegt der Unterschied zu einem Teil daran, daß die Bardi-Fresken übermalt waren und freigelegt werden mußten, was sie Pigmentsubstanz und damit Prägnanz kostete. Aber auch wer den konservatorischen Zustand in Rechnung stellt, kommt nicht umhin zu konstatieren, daß Braun- und Grautöne vorherrschen. Nun erforderten die dargestellten Themen aus dem Leben des heiligen Franz viele Szenen, in denen Franziskanerbrüder in ihren charakteristischen grauen und braunen Kutten auftreten, und so liegt es nahe, die triste Tonigkeit schlicht auf die Bildgegenstände zurückzuführen. Allerdings hätte der Maler diesem Effekt entgegenarbeiten können. Giotto hat in den Bardi-Fresken eine Art franziskanische (Farb-)Armut wenn also nicht herbeigeführt, dann zugelassen. Daneben fällt die oft flüchtige Malweise auf. Gesichter von Nebenfiguren sind zuweilen mit wenigen Strichen wie skizzenhaft wiedergegeben. In der Arena-Kapelle sind solche Köpfe oft einfach künstlerisch schwach: rührend sorgfältige Gehilfenarbeit. In der Bardi-Kapelle finden wir malerische Ökonomie auf hohem Qualitätsniveau. Und es wird auch nicht einfach nur effizient gearbeitet, die Betrachter dürfen oder sollen es sehen, jedenfalls wenn sie den Blick von den Brennpunkten der Bilder wegwandern lassen. Auch dies könnte ein gestalterischer Gestus sein, der zurückgenommenen Aufwand und also Armut signalisiert. Schließlich sei auf die Simplizität der Erzählung hingewiesen: Komplizierte Texturen mit psychologisch geladenen Nebenhandlungen, wie sie Giotto in der Arena-Kapelle entwickelt hat und wie sie den Vergleich mit Dantes Konzept des *visibile parlare* herausfordern, sind diesen Darstellungen fremd. In der Regel wird geradeaus erzählt, Spannungsmomente nutzend, ohne sie zu forcieren. Dem entsprechen die übersichtlichen, einladenden Bildräume – eine unverzierte Sachlichkeit, die bestimmten aufwandsfeindlichen Vorstellungen sicher gleichfalls entgegenkam.

An einer Stelle aber durchbricht ein erlesenes Motiv die Schlichtheit und irritiert in einer Bildhandlung, die einfach klingt, solange man sich an die Textvorlage hält, die Giotto für die Darstellungen in der Kapelle herangezogen hat (Abb. 25).

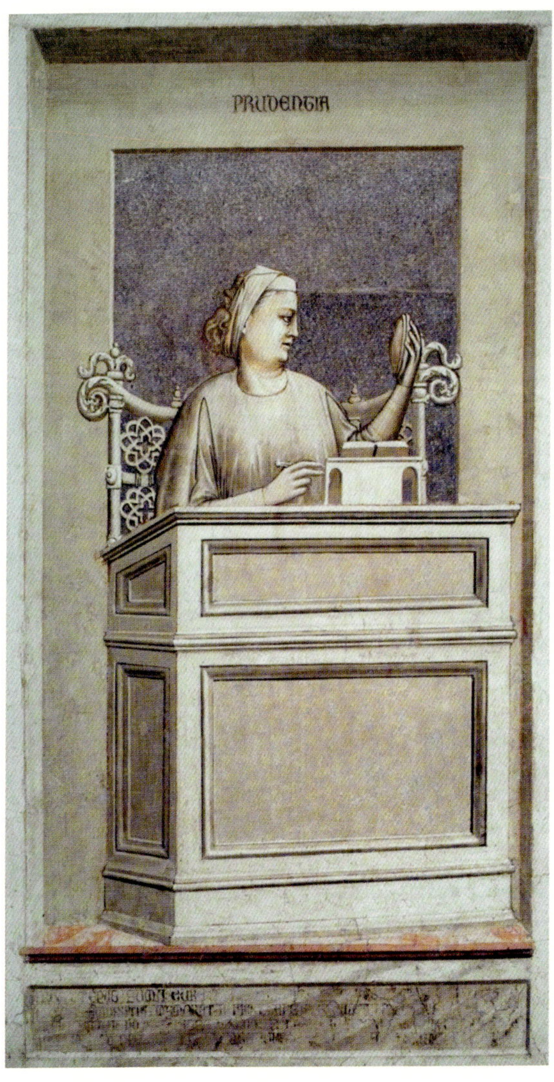

21 Prudentia, Padua, Arena-Kapelle (1303–1306)

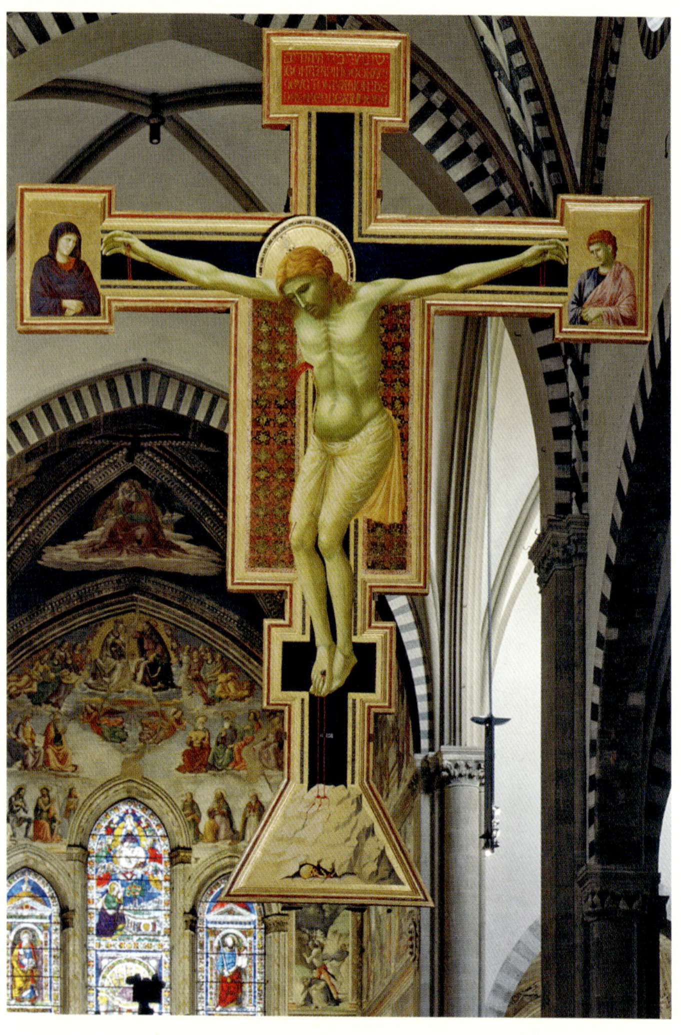

22 Tafelkreuz (ca. 1300), Florenz, Santa Maria Novella

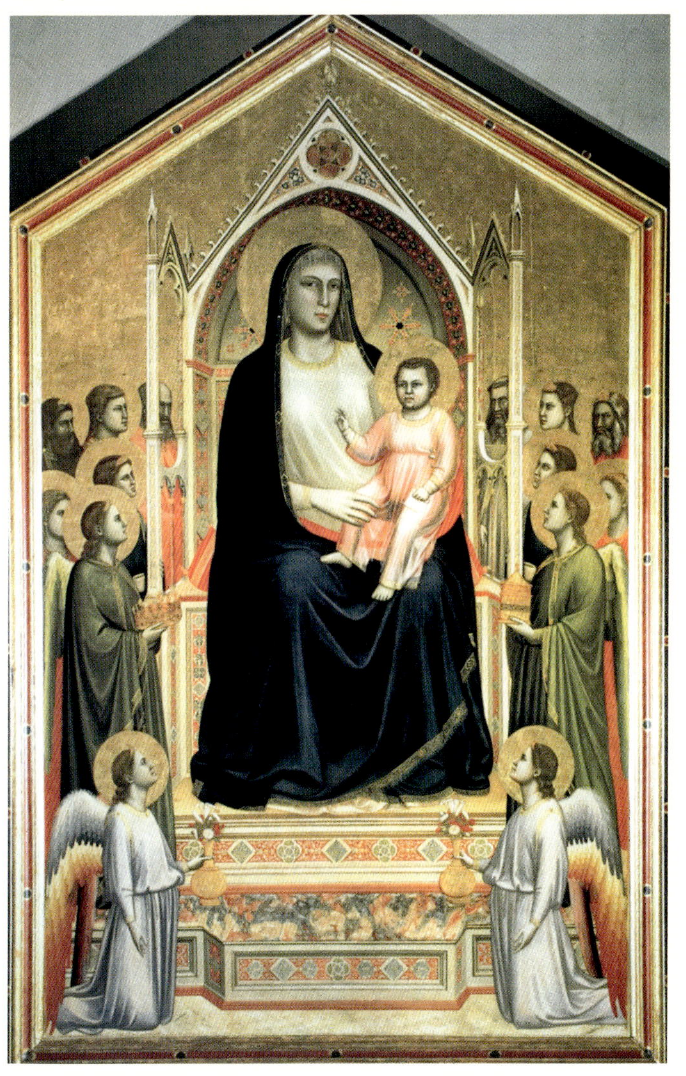

23 Madonna aus Ognissanti (ca. 1310–1315), Florenz, Uffizien

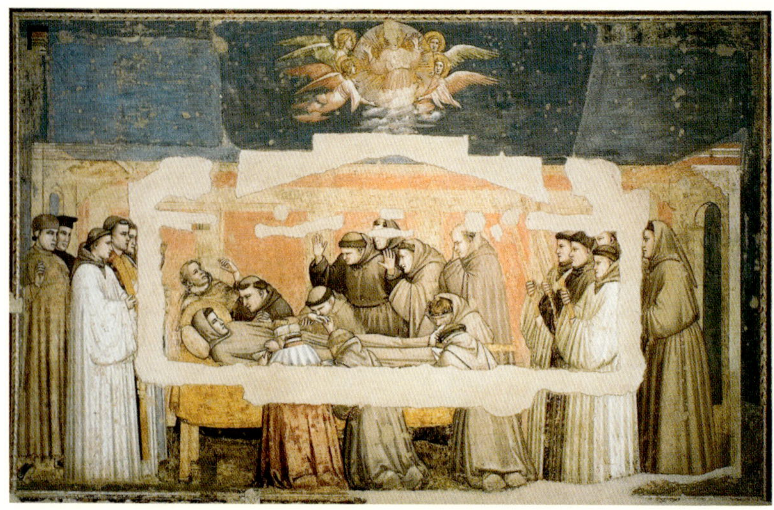

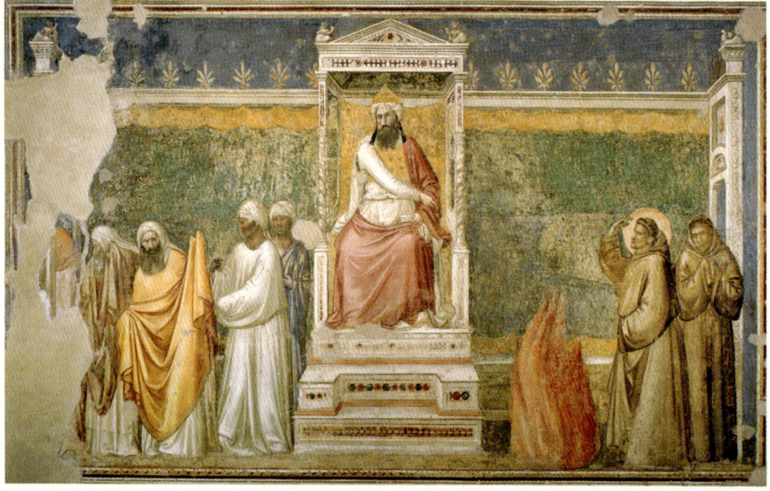

24 (oben) Beweinung des heiligen Franziskus (ca. 1320), Florenz, Santa Croce, Bardi-Kapelle
25 (unten) Franziskus predigt vor dem Sultan (ca. 1320), Florenz, Santa Croce, Bardi-Kapelle

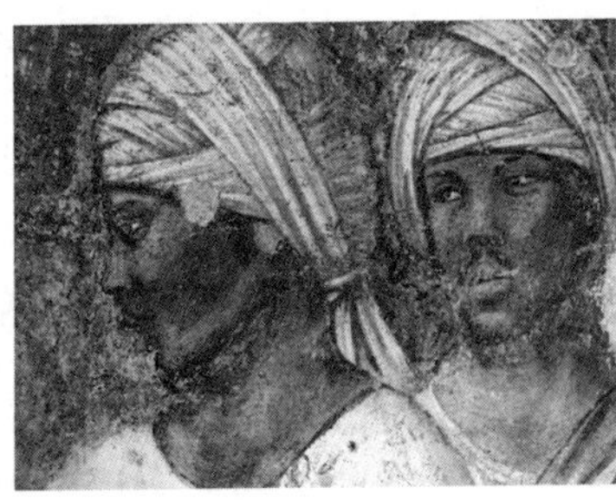

26 Franziskus predigt vor dem Sultan (ca. 1320), Detail, Florenz, Santa Croce, Bardi-Kapelle

Bonaventura erzählt in der großen Franziskuslegende Folgendes: Der Heilige predigte vor dem Sultan von Kairo derart fesselnd, daß der ihn bat in Ägypten zu bleiben. Franziskus antwortete, er werde diese Bitte gern erfüllen, wenn nur der Sultan und sein Volk vom islamischen zum christlichen Glauben übertreten. Um dem Sultan die Entscheidung zu erleichtern, bietet Franziskus eine Feuerprobe an. Gemeinsam mit moslemischen Priestern will er durch ein Feuer gehen; was sich dabei zeigt, soll den Sultan überzeugen.

Da erwiderte der Sultan: «Ich glaube nicht, daß sich einer meiner Priester bereit findet, sich zur Verteidigung seines Glaubens ins Feuer zu begeben oder irgendeine Qual auf sich zu nehmen», war ihm doch nicht entgangen, wie einer von seinen Priestern, ein Mann von hohem Ansehen und Alter, sich seinen Blicken entzog, kaum hatte er die Worte des heiligen Franziskus gehört.

Wir sehen im Fresko einen emphatisch gestikulierenden Prediger, einen davon hingerissenen Gefährten (rechts) und ein irreal gemaltes Feuer, das an die Marmorfeuer in den Allegorien der Arena-Kapelle erinnert und in dieser Form wohl für eine bloße Ankündigung (im Gegensatz zu einer Gegebenheit) steht. Ferner sehen wir links die Mullahs abziehen und in der Mitte auf einem Thron, dessen noble Pracht von Legitimität spricht, den Sultan, der sich ihnen zuwendet und auf das Feuer zeigt. Darüber hinaus tauchen zwischen dem Thron und den Mullahs zwei Figuren mit weißen Turbanen auf, die in der Legende nicht vorkommen und die den Betrachter trotzdem fesseln (Abb. 26).

Es handelt sich um mäßig dunkelhäutige Afrikaner von schlankem Wuchs und fein geschnittenen Zügen. Völlig anders sehen sie aus als die «Mohren», die Giotto sonst darstellt. Wie der Sultan, so wendet sich der vordere der beiden an die Mullahs und zeigt nach rechts, aber nicht auf das Feuer, sondern auf Franziskus. Wenn der Sultan gestisch die Aufforderung ausspricht, sich gefälligst auf die Feuerprobe einzulassen, so weisen die Afrikaner auf den Heiligen hin. In der ihnen von Giotto zugewiesenen Rolle stehen sie also der Position des frommen Betrachters deutlich näher.

Die beiden sind eine Erfindung ähnlich dem guten Decurio in der Kreuzigung der Arena-Kapelle. Sie beleben die Bilderzählung und eröffnen Reflexionsmöglichkeiten – aber weit konkretere noch als der junge Offizier. Versucht man nämlich die Gestalten in die gesellschaftliche Realität Ägyptens in der Zeit von Doffo Bardi und Giotto einzuordnen, so sind die Ergebnisse überraschend eindeutig. Es können nur Nubier gemeint sein. Seit dem späten 13. Jahrhundert gab es solche in großer Zahl als Sklaven in Ägypten. Ihr Christentum durften sie im «Haus des Islam» bis zu einem gewissen Grad sichtbar leben. So besaßen sie in Kairo mindestens eine Kirche. Das Verhalten der beiden gegen Franziskus erklärt sich demnach aus dem gemeinsamen christlichen Glauben. Giotto hat in die Legende über ein damals 100 Jahre zurückliegendes Ereignis ein fesselndes Partikel aus der Gegenwart eingebettet. Interessant sind nun die Fragen, wer die Absender und wer die Adressaten dieser Botschaft waren.

Als Adressaten kommen Leute in Frage, die weltoffen genug waren, um sich für die Verhältnisse in einem anderen Erdteil zu interessieren, und solche wird man in einer Handelsstadt wie Florenz eher als anderswo voraussetzen dürfen: Speziell von den Bardi wissen wir, daß ihr ökonomischer Horizont nicht nur im Norden bis England und Schottland reichte, sondern auch im Süden bis an die afrikanische Küste und insbesondere bis Alexandria und Kairo. Dort verkaufte man das aus der schottischen Wolle gewebte Tuch und kaufte unter anderem Pfeffer, Seide und zerstoßene Mumien ein, eine Substanz, die als Heilmittel galt. So mag es damals nicht wenige Florentiner gegeben haben, die wirklich einmal in Kairo gewesen waren, und vielleicht waren mit solchen sogar nubische Diener nach Florenz gekommen und hatten Giotto Modell gestanden. Kurz: Adressaten waren Personen vom Schlag der Bardi, und als Absender kommen die Bardi selbst in Betracht.

Über die Verhältnisse in Ägypten müssen aber auch die Franziskaner unterrichtet gewesen sein. Franziskus' afrikanisches Abenteuer hatte ihr Selbstverständnis als Missionsorden begründet. Seit 1307 unterhielten sie eine Niederlassung in Alexandria, welche die kurze und turbulente Tätigkeit des Ordensgründers in Ägypten institutionalisiert weiterführte. Wenn die Franziskaner die Absender waren und den Auftritt der Nubier gewünscht hatten, so ging es um die Missionstätigkeit einst und jetzt. Aber vielleicht handelt es sich bei der authentischen Personalausstattung des Sultanshofes sogar um ein gemeinsames Projekt der Franziskaner und der Bardi. In diesem Fall war Ägypten ein Wissensfeld, auf dem sich die Interessen und Kompetenzen der Bankiers und der Bettelmönche trafen und das dadurch im Rahmen ihres Zusammenwirkens bei der Ausstattung von Santa Croce besonders kostbar war. Und vielleicht war es eine wichtige Qualifikation eines Malers wie Giotto, solche Felder zu entdecken und so einen fruchtbaren Austausch zwischen Auftraggebern und Mönchen bzw. Brüdern möglich zu machen.

Die rechts anschließende Kapelle ist die der Familie Peruzzi, die mit den Bardi viel gemeinsam hatten, unter anderem das Scheitern ihres Bank- und Handelshauses im englischen Staatsbankrott. Von den Peruzzi wissen wir durch eine Urkunde, daß sie den Franziskanern noch vor Grundsteinlegung der neuen Kirche Geld hatten zukommen lassen, damit ihnen und ihren Toten im Neubau eine Kapelle zur Verfügung stehen würde. Der Raum, den sie erhielten, liegt etwas weniger zentral als die Bardi-Kapelle: Sie öffnet sich neben dieser zum Querhaus, ist also nicht der Hauptchorkapelle und dem Hauptschiff zugeordnet. Patrone sind die beiden Johannes, wobei Johannes der Täufer der Stadtheilige von Florenz und der Taufpatron von Franziskus war (Franziskus, «Franzoschen», war ursprünglich nur sein Spitz- oder Kosename). Entsprechend war die Kapelle eingebunden ins liturgische System von Santa Croce, aber doch an merklich weniger wichtiger Position als die Franziskus-Kapelle der Bardi.

Im Stil und in der Technik heben sich die Wandbilder deutlich von denen der Bardi ab. Es handelt sich nicht um Fresken, sondern um Secco-Bilder. Sie sind statt in den feuchten Putz, wie dies seit der römischen Zeit Giottos Gewohnheit war, auf den trockenen, geglätteten Verputz gemalt. Mancher, der das Ensemble aus Bardi- und Peruzzi-Kapelle als eine Einheit sieht, versucht dies mit den verschiedenen Arbeitsbedingungen auf der Baustelle von Santa Croce im Jahreslauf zu erklären: Die Bardi-Bilder sind dann die Sommer-Fresken und die Peruzzi-Bilder die dazugehörigen Winter-Secchi, ausgeführt also in einer Technik, die weniger Probleme mit der Kälte aufwarf. Tatsächlich besteht aber kein Grund anzunehmen, die beiden Zyklen gehörten zeitlich eng zusammen. Fraglos hat die eine Familie die andere bei der Auftragsvergabe an Giotto nachgeahmt (ähnlich wie beim geschäftlichen Engagement in England), doch muß das nicht postwendend geschehen sein. So ist es ebenso denkbar, daß die Wahl der Secco-Technik mit dem fortgeschrittenen Alter des Malers zu tun hatte: Die Arbeit an der trockenen Wand ist komfortabler, unter anderem weil der durch Trocknungsprozesse verursachte Zeitdruck entfällt. Hinzu kommt, daß man für Secco-Arbeit keine eingespielte Werkstatt braucht, und in der Tat ist es keineswegs sicher, daß der alte Maler nach seinen Jahren in Neapel eine solche in Florenz wieder aufgebaut hat. Jedenfalls bewohnte er in den Jahren nach 1334, nach der Rückkehr aus Neapel, nicht mehr das Haus in der Pfarrei von Santa Maria Novella, und er bezog sowohl vom König von Neapel als auch von der Florentiner Stadtregierung Gehälter, die ihn von einem kontinuierlichen Einwerben von Aufträgen unabhängig machten.

Da Arbeiten in Secco anfälliger als Fresken sind, haben sich die Bilder der Peruzzi-Kapelle schlechter erhalten als die bei den Bardi. Trotzdem ist klar, wie stark sich die beiden Komplexe künstlerisch unterschieden. Die Peruzzi-Bilder müssen ausgesprochen farbenprächtig gewesen sein. Sie zeigten ein schweres, dunkles und doch funkelndes Kolorit. Zudem waren sie überraschend detailreich: In der Darstellung gemusterter Textilien, also in den Decken und Wandbehängen, fanden Farb- und Detailverliebtheit zusammen. Die Figuren erscheinen in großen Umrissen und bewegen sich pathetisch und gemessen – Vorbilder für die gewichtig einherschreitenden Personengruppen der Florentiner Quattrocento-Maler von Masaccio bis Ghirlandaio. Mit Licht und Schatten durchmodellierte Gewänder, deren Formen an geknittertes Blech erinnern, gaben ihnen Präsenz. Von ferne erinnert das an Giottos Frühzeit in Rom und Assisi. Aber in allen Einzelheiten heben sich die Formen davon ab: Alles ist jetzt weit materieller. Auch sind die dargestellten Räume tief und glaubhaft, so daß die Figuren Platz in den Bildern finden und sich frei, wie von Luft umflutet bewegen können – viel freier als in der Arena- und in der Bardi-Kapelle. Wir haben es mit einem nochmals veränderten Bildkonzept zu tun. Man könnte diese Feststellung als Argument gegen Giottos Urheberschaft verwenden, man kann aber auch sagen: Am ehesten war es Giotto, der Giotto so entschlossen hinter sich ließ.

Die Geschichte von Johannes dem Evangelisten wird mit nicht mehr als drei Bildern auf der rechten Wand erzählt, die des Täufers ebenso selektiv auf der linken Wand. Dabei konnten sich die Betrachter der Täufer-Legende auf die ausführliche, fünfzehnteilige Bildergeschichte an der Kuppel des Baptisteriums stützen. Das lag auch insofern nahe, als die Peruzzi der Calimala-Zunft angehörten, jener Körperschaft also, die für die Mosaiken der Kuppel verantwortlich zeichnete und die in denselben Jahren, als die Wandbilder entstanden, die erste der Bronzetüren des Baptisteriums herstellen ließ. Dort war Andrea Pisano dabei, einen zwanzigteiligen Täufer-Zyklus zu verwirklichen. Die drei Bilder in der Kapelle sollen das Leben des Stadtheiligen also nicht eigentlich erzählen, sondern sie setzen auf der Grundlage der Großzyklen, die jedem Florentiner vom eigentlichen Kultort des Täufers her vertraut sein mußten, besondere Akzente. Dabei geht es um Parallelen zu Christus und Franziskus. Beide Aspekte fallen zusammen im Martyrium, das freilich nicht eines des Kreuzes und der Kreuzeswunden war (wie bei Christus und Franziskus), sondern eines des Schwerts und das unter reichlich frivolen Umständen stattfand. Diese erzählt fesselnd das untere Bild (Abb. 27).

Wirklich zeigt Giotto die Umstände, nicht das Ereignis. Visualisiert und interpretiert werden der Tanz der Salome und die Übergabe von Johannes' abgeschlagenem Haupt durch Salome an Herodias, ihre Mutter, entsprechend dem Bericht im Evangelium (Markus 6,22 und 28): Salome «tanzte und gefiel wohl dem Herodes und denen, die am Tisch saßen». «... und das Mädchen gab es [das Haupt] seiner Mutter.» Vom biblischen Bericht weicht ab, daß das Haupt bei Giotto zuerst vor Herodes gebracht wird und der den Henker an Salome als Empfängerin weiterweist. Markus (6,27–28) sagt:

> Und alsbald schickte der König den Henker hin und hieß sein [Johannes'] Haupt herbringen. Der ging hin und enthauptete ihn im Gefängnis und trug her sein Haupt auf einer Schüssel und gab es dem Mädchen, und das Mädchen gab es seiner Mutter.

Daß das Haupt bei Giotto einen Umweg über die Festtafel des Herodes nimmt, weist auf eine andere Textquelle. Es handelt sich um eine in Florenz zeitweilig populäre, sonst aber wenig verbreitete Johanneslegende, die sowohl von den Mosaizisten genutzt worden war, die in den neunziger Jahren des 13. Jahrhunderts die Johannesvita in der Kuppel des Baptisteriums schufen, als auch 40 Jahre später von Andrea Pisano bei der Arbeit an der Bronzetür des Baptisteriums. Der Text ist allein in einer italienischen Übersetzung des frühen 14. Jahrhunderts erhalten. Nachdem der Erzähler die Enthauptung beschrieben hat, fährt er fort:

> Und der Offizier nahm das Haupt und blutig, wie es war, brachte er es vor die Augen des Königs. Als die Gäste, die speisten, das sahen, waren sie alle bestürzt und voller Trauer, denn es erschien ihnen schrecklich, solches mit anzusehen. So wurde das Fest verdorben. Und bis auf den heutigen Tag kommt es vor, daß eitler Frohsinn sich in tiefe Traurigkeit verkehrt. Und der König ließ das Haupt dem Mädchen reichen.

Bei genauem Hinsehen zeigt sich, daß Giotto auch gemalt hat, wie Herodes' Fest durch den Vorfall verdorben wurde. Zu diesem Zweck nahm er sich der Nebenfiguren an: Man beachte den Gast an der Tafel links. Er betrachtet nicht etwa die Tänzerin und äußert Wohlgefallen (wie man es nach dem Markus-Bericht erwarten würde). Er hält ein Tranchiermesser und starrt es an, als sei es das Richtschwert, wobei er die Linke klagend hebt. Zudem gibt es die beiden flüsternden Diener rechts, die fraglos mißbilligen, was geschieht. Und durch sein finsteres Gesicht verrät auch der Musiker, wie ungern er an der Veranstaltung mitwirkt.

Aber wie steht es bei Giotto mit jenem Motiv in der Legende, das vom biblischen Bericht am markantesten abweicht? Der Evangelist Markus weiß, daß Herodes den Johannes gern predigen hörte, aber von seiner Frau Herodias gegen ihn aufgehetzt wurde, so wie diese auch Salome gegen Johannes manipulierte. Dementsprechend war Herodes «sehr betrübt», als Salome nach ihrem Tanz das Haupt begehrte. In der toskanischen Legende wird demgegenüber ausführlich erzählt, daß Herodes und Herodias miteinander im Bunde waren: Salomes Tanz und der auf Herodes' Frage hin geäußerte Wunsch des Mädchens waren ein abgekartetes Spiel. Von vornherein stand fest, daß das Fest genutzt werden sollte, Johannes loszuwerden, ohne daß den König Verantwortung traf. In Kurzform findet sich das Motiv auch in der *Legenda Aurea*. Herodes, so erfährt der Leser, sei mit Herodias tatsächlich im Einverständnis gewesen und habe, als Salome ihren Wunsch äußerte, Betrübnis nur geheuchelt.

Klar ist: Giottos Herodes spielt eine schillernde Rolle. Die Geste seiner Rechten leitet nicht nur das Haupt weiter (an Salome), sondern weist auch Schuld ab (von sich) und wohl sogar zu (an Herodias). Offenkundig ein Zitat aus einer anderen Erzählung ist die Fingerschale, über welcher Giotto den Gestus sichtbar werden läßt. Sie erinnert kaum zufällig an den händewaschenden Pilatus und dessen Worte (Matthäus 27,24): «Ich bin unschuldig an seinem Blut.» Lesen wir die Handbewegung nach Markus, so steht sie für Schwäche und Trägheit: Wie Pilatus verhindert Herodes das Unrecht nicht. Lesen wir sie nach der toskanischen Legende und nach der *Legenda Aurea*, dann steht sie für Heuchelei: Herodes gibt nur vor, die Hände in Unschuld zu waschen. Daß es zwei Lesarten gibt, dürfte unter den Besuchern von Santa Croce für Gesprächsstoff gesorgt und die Wahrnehmung der Szene intensiviert haben. Man wird das Bild wohl moralisierend und als Mahnung auf sich wirken lassen dürfen: Die Beseitigung des Predigers schafft die unangenehmen Wahrheiten, die er ausspricht, nicht aus der Welt, vielmehr ist eine Art Sünden-Spirale die Folge – ein pastoral anmutendes Argument, das eher auf Seiten der Franziskaner als auf Seiten der Stifter entwickelt wurde.

Auf der rechten Wand der Kapelle scheinen eher die Interessen der Stifter zu ihrem Recht zu kommen. Die beiden unteren Szenen zeigen die Auferweckung der Drusiana durch Johannes den Evangelisten und die Himmelfahrt des Johannes, Szenen, die in einer Grabkapelle die Hoffnung auf Auferstehung illustrieren. Wer Giottos neues Bildkonzept verstehen will, halte sich an die Drusiana-Szene (Abb. 28). Das Wunder ereignete sich vor den Mauern von Ephesos, und entsprechend bildet eine Stadtvedute Giottos Kulisse. Dabei verwendete der Maler das reale Ephesos als Modell: die byzantinische, damals bereits von einem türkischen Emir regierte Stadt, die gegenüber dem antiken Ephesos weiter ins Landesinnere gewandert war. Von ihren drei Hauptbauten zeigt Giotto zwei, nämlich rechts die kreuzförmige Johanneskirche mit ihren metallgedeckten, niedrigen Kuppeln, eine Stiftung des Kaisers Justinian, und links das sogenannte Tor der Verfolgung mit seinen quadratischen Türmen. In der Positionierung innerhalb der Kapelle entspricht des Bild dem Kairo-Fresko in der Bardi-Kapelle, und das wird kein Zufall sein: Wieder geht es um weite Horizonte, um Mission, und diesmal wohl auch um Pilgerschaft, denn das Grab des heiligen Johannes in seiner Basilika war ungeachtet des Umstandes, daß die Stadt in muslimischer Hand und der Bau zur Hälfte Moschee, zur Hälfte Markthalle war, noch immer ein beliebtes Pilgerziel. Wer den richtigen Führer gut genug bezahlte, konnte von heiligem Schauder erfaßt das Privileg genießen, den Evangelisten und Apokalyptiker in seinem Grab schnarchen zu hören.

Daß Giotto selbst je in Ephesos war, ist dennoch wenig wahrscheinlich. Zu sehr weicht auch die gemalte Kirche von dem byzantinischen Bau in Kleinasien ab und verwendet eine oberitalienisch romanische Formensprache. Giotto hat die Vedute also nach Beschreibungen oder laienhaften Skizzen «konstruiert». Und dabei fällt nun auf, wie entschieden er sich vom topischen Bild der Stadt abwendet. Bis weit ins 14. Jahrhundert wurde «Stadt» dargestellt als ein Häuserkonglomerat in einer Art Mauerbottich. Giotto dagegen zeigt in der Peruzzi-Kapelle eine Mauer, die das Bild vom einen bis zum anderen Bildrand durchzieht und über die wir nicht hinwegblicken können. Sein Konstrukt ist am Phänomen orientiert: Wie erleben wir eine Stadt, wenn wir unter den Mauern stehen? Abweisend, aber auch unsere Wahrnehmung ausfüllend, insofern die Ausdehnung nicht absehbar ist. Giotto stellt uns nicht eigentlich ein Bild einer Stadt vor Augen, er transportiert unser Auge unter die Mauern von Ephesos. Man kann das als eine Visualisierung oder Virtualisierung von Pilgerschaft lesen, und so ist die darstellungstechnische Maßnahme sicher auch gemeint. Gleichzeitig ist sie aber ein Durchbruch hin auf eine Bildlichkeit, die visuelles Erleben simuliert. Der Maler will primär weder Präsenz herstellen noch eine Parallel-Wirklichkeit erschaffen, wie er es bisher getan hat, sondern unserem Blick ein wirklichkeitsanaloges Erlebnis bieten. Das ist nicht in allen Peruzzi-Bildern der Fall, aber die Möglichkeit ist jetzt gegeben.

Wenn die Bardi-Fresken im Darstellungstechnischen teils auffallend zurückhaltend sind, so sind die Peruzzi-Bilder reich, innovativ und offensiv. Giottos Umgang mit Auftraggeber-Paarungen aus Bankiers und Franziskanern in Santa Croce führte zu unterschiedlichen Ergebnissen. Daß der Maler in der Koordination der Interessen der franziskanischen Sache nähergestanden hätte, wird nicht anschaulich. Dabei gilt er vielen als ein Künstler, der sich mit franziskanischen Inhalten identifizierte, und tatsächlich wird sein Lebensweg zuweilen als einer gelesen, der von Franziskanerkirche zu Franziskanerkirche führte: San Francesco in Assisi, San Francesco in Rimini (wo er ein Tafelkreuz hinterließ), San Antonio, genannt «der Santo», in Padua (verlorene Bilder), San Francesco in Pisa (die Franziskustafel, die sich heute im Louvre befindet), schließlich Santa Croce in Florenz. Doch ist zu bedenken, daß die Franziskaner aufgrund der ihnen gebotenen Armut nicht selbst als Auftraggeber auftreten konnten; Giotto war also immer nur mittelbar für sie tätig. Ausgesucht als Künstler und bezahlt haben ihn – wenn nicht wie in Assisi Vertreter der Kurie – schwerreiche Privatleute.

7. Der Maler als Sänger

In gerade drei Abschriften überliefert, war das Lied sicher nie populär. Zwei Kopien, darunter die älteste aus dem späten 14. Jahrhundert, tragen Überschriften. Die eine lautet *Giotto di firenze*, die andere *Chancon giotti pintori de florentia* («Lied des Malers Giotto von Florenz»). Zuweilen wurden Zweifel an der Echtheit laut. Von der Form her spricht allerdings nichts gegen Giotto als Autor. Die Sprache ist toskanisch, die Nähe zur Dichtung Dantes deutlich. Auch hat sich die Verse schwerlich ein versierter Literat ausgedacht. Hinter einer schroffen Unvollkommenheit der Form (die in der Übersetzung weder beseitigt werden kann noch soll) treten aber gedankliche Schärfe und das Fehlen jeglicher Naivität eindrucksvoll hervor:

> Viele gibt es, die die Armut preisen
> Und behaupten: Ein Ideal ist erreicht
> (falls man es erträgt und frei wählt),
> Wenn man dem Gebot folgt: Keinerlei Besitz!
> Dabei führen sie eine sichere Autorität an;
> Doch übertreibt, wer sich ihr unterwirft.
> Und wenn ich ihre Behauptung überdenke,
> Scheint sie mir, recht verstanden, ein Exzeß,
> Und schon deshalb lobe ich sie nicht:
> Denn selten ist ein Extrem ohne Laster.
> Will man aber ein Haus solide bauen,
> Müssen schon die Fundamente gut gelegt sein,

Daß es nicht einstürzt – ob vom Wind,
Oder aus anderen Gründen. Der Bau soll so sein,
Daß er keiner Ausbesserungen bedarf.

Jene Armut, die uns wider Willen trifft,
(da gibt es keinen Zweifel)
Ist ein Weg, der in die Sünde führt,
Bringt sie doch Richter zu Fehlurteilen,
Raubt Frauen und Jungfrauen die Ehre,
Ruft Raub, Gewalt, Gemeinheit hervor,
Und häufig genug auch Lügereien.
Jeden beraubt sie der Ehrbarkeit.
Es ist nur ein kurzer Schritt:
Wo Besitz fehlt, scheint es, fehlt Vernunft.
Man verliert den Verstand:
So geht es dem, den die Armut trifft.
Es wehrt sich ja auch ein jeder gegen sie
Und will von ihr verschont bleiben:
Wer nur an sie denkt, blickt schon trübe.

Jener Armut, die freiwillig ist,
Kann man durch Erfahrung ansehen,
Ob sie befolgt oder vorgetäuscht wird:
Man rechne es nur nach.
Doch auch die Befolgung verdient kein Lob,
Da weder Mäßigkeit, noch Erkenntnis,
Noch irgendeine Kraft der Sitten
Oder Tugenden dabei herauskommt.
Wirklich, es scheint mir reiner Hohn,
Tugend zu nennen, was das Gute löscht,
Und sehr schlecht, wenn es soweit kommt,
Daß man das Tierische der Tugend vorzieht.
Schließlich bringt Tugend uns Heil,
Was sich jeder klugen Einsicht erschließt,
Und je wertvoller sie ist, um so mehr freut es sie.

Du könntest mir jetzt ein Argument vorhalten:
Unser Herr empfiehlt die Armut sehr.
Paß auf, daß man es recht versteht,
Denn seine Worte sind tiefgründig

Und manches hat doppelte Bedeutung,
Und er will, daß man die heilbringende aufgreift.
Mach also Deine Augen auf
Und betrachte das Wahre, das sich verbirgt.
Du wirst sehen, wie seine Worte
Seinem heiligen Leben entsprechen,
Da er völlig die Kraft besaß, sie
Zur rechten Zeit und am rechten Ort zu erfüllen.
Und also war sein geringer Besitz
Für uns quasi Rettung vor dem Laster
Und ist nicht etwas, das einlädt, gemein zu sein.

Wir beobachten, daß um so weniger Frieden hat,
Je mehr einer das Leben der Armut lobt,
Und wie er sich immer bemüht,
Von diesem Leben loszukommen.
Werden ihm dann Ehre oder Stand zuteil,
Ergreift ihn mit Gewalt der Gierwolf,
Und der verstellt sich gut,
Damit er seine Wünsche befriedigen kann.
Und er weiß, sich zu verkleiden: So geht
Der schlimmste Wolf wie das frömmste Schaf
Einher unter diesem Mantel von Falschheit.
Und durch den Betrug ist die Welt verdorben,
Wenn man nicht bald auf den Grund geht
Dieser Heuchelei; denn irgendwo
Auf der Welt zeigt sie sich immer.

Lied, geh hin, und wenn du Rechthabern begegnest,
Zeig Dich ihnen so, daß Du sie überzeugst;
Und wenn sie verstockt sind,
Dann sei wacker und tunke sie unter.

Zunächst kritisiert die erste Strophe summarisch das Armutsideal, das die Franziskaner als Norm christlichen Lebens seit damals 100 Jahren propagierten. Die zweite Strophe behandelt die Armut, in die man geraten kann, und schildert die korrumpierenden Folgen. «Wer Geld liebhat, der bleibt nicht ohne Sünde» (Jesus Sirach 31,5): Ausgehend von dieser und anderen

Bibelstellen war es im Mittelalter ein Gemeinplatz, daß Geld den Charakter verdirbt. Giotto kehrt die Aussage um und sagt: Es ist richtig, daß man die Armut fürchtet, denn *sie* ist es, die deformiert. Strophe drei widmet sich der nach dem Armutsgebot erwählten, also freiwilligen Armut und kommt zu dem Schluß: Arm sein aus freien Stücken bedeutet, «das Tierische der Tugend» vorzuziehen. Wenn die Armut, die einem zustößt, einen bösen Effekt hat, so verhält es sich mit der freiwilligen Armut nicht anders. Die vierte Strophe formuliert die Gegenthese und widerlegt sie. Zwar hat Christus Armut geboten, doch dürfen seine Worte nicht in platter Form wörtlich genommen werden. Die drei letzten Verse der Strophe bringen ein schlagendes Argument: Christus hatte «geringen Besitz», er war also nicht völlig arm (man denke an seinen Rock, um den gewürfelt wurde). Hier bezieht sich Giotto auf die gegen die Spiritualen gerichtete Bulle *Cum inter nonnullos* von Johannes XXII. (1323): Mit seinem schmalen Besitz gibt Christus ein Beispiel, das den Gläubigen eine ehrbare Lebensführung ermöglicht. Nachdem der Autor mit den Inhalten der Armutsideologie abgerechnet hat, greift er dann in der fünften Strophe ihre Vertreter als Heuchler an. Man möchte diese Verse so kommentieren: Die Armutsideologie wird als Karriereinstrument enttarnt.

Soweit das Sinngerüst, das unübersehbar gegen den intellektuellen *Mainstream* der Zeit steht. Den repräsentiert etwa Jacopone da Todi, dessen mitreißendes Loblied auf die Armut so beginnt (in der Übersetzung von Hertha Federmann):

> Armut, oh du Liebesfülle,
> Armut, oh du Reich der Stille,
> Armut führt uns sichere Straße
> Leer von Streit und leer von Hasse.

Daneben enthält Giottos Gedicht zwei ausgesprochen literarische Passagen – literarisch, weil sie nicht auf Lebens-, sondern auf Lese- oder wohl richtiger auf *Hör*erfahrungen des Autors verweisen. Zum einen geht es um die Schlußverse der ersten Strophe, die darüber reflektieren, daß eine Argumentation wie eine Architektur gebaut sein müsse, und auf diese Weise von der summarischen zur systematischen Erörterung des Armutsthemas überleiten. Sie lehnen sich an eine Stelle in Dantes *Purgatorium* an (V, 13–15). Sodann geht es um die Schlußstrophe. Sie formuliert den Auftrag des Liedes, indem sie es als Person behandelt, welcher der Autor Verhaltensanweisungen gibt. Das Motiv ist ehrwürdig: Es läßt sich bis zu Ovid zurückverfolgen, hatte Konjunktur in der provenzalischen Liebeslyrik, und auch bei Giottos Florentiner Zeitgenossen tritt es auf, so in der Schlußstrophe von Guido Cavalcantis berühmter Canzone *Donna me prega* («Mich bittet eine Frau»). In seiner Interpretation des eigenen Gedichts *Donne ch'avete intelletto d'amore* («Ihr Frauen, die Ihr auf Liebe euch versteht») bezeichnet Dante die mit dem Auftrag des Dichters versehene Schlußstrophe als die «Magd» der anderen Strophen.

Aber das Motiv ist mehr als nur ein Topos; es verweist auf die Situation, in der Giottos Canzone ursprünglich in Erscheinung trat. Wenn die mittelalterlichen Autoren ihren Liedern befehlen «hinauszugehen», dann hat das damit zu tun, daß diese Dichtungen vor allem orts- und zeitgebunden als Aufführungen existierten und ein Weiterleben danach als unsicher galt; das Werk, mit dem der Poet hervortrat, war der gesungene Vortrag und nicht der Text, wie er schriftlich fixiert (zuweilen) in Bibliotheken überlebt hat. Man darf also davon ausgehen, daß Giotto die Canzone konzipiert hat, um sie zu Gehör zu bringen, auf daß andere sie dann singend weiterverbreiten würden. In welchem Kreis er das tat, wissen wir nicht. Aber bekannt ist, daß im Florenz um und nach 1300 viel gedichtet und gesungen wurde, ein Tun, das als veredelnd galt. Und ein Dichter immerhin läßt sich benennen, den er und der ihn mit Sicherheit gekannt hat und der seinerseits mit Leuten wie Guido Cavalcanti und Dante verkehrte: Lapo di Gianni, hauptberuflich Notar. 1312 hatte er Giotto geholfen, den französischen Webstuhl zu vermieten. Er wäre ein verständiger Hörer und Sänger der Canzone gewesen.

Die Canzone gegen die Armut wird häufig übergangen. Wie so oft bei Giotto zieht man Mythen der historischen Überlieferung vor, hier nicht Mythen des 15. und 16. Jahrhunderts (erinnert sei an Ghibertis und Vasaris Erzählungen über Giottos Jugend), sondern einen Mythos des Jahres 1885. Es geht um das Buch *Franz von Assisi und die Anfänge der Kunst der Renaissance in Italien* von Henry Thode: Was Luther für Bach, sei Franziskus für Giotto gewesen. Franziskanisches Gedankengut habe Giottos Weltbild und Kunst geprägt und so die Renaissance eingeleitet. In der Canzone tritt demgegenüber ein Denker auf, der spezifisch franziskanische Werte mit bemerkenswerter Böswilligkeit ablehnt. Darin und in dem Umstand, daß er theologische Kompetenz für sich in Anspruch nahm, dürfte die Sozialisierung im Umfeld der Dominikaner von Santa Maria Novella zum Tragen kommen.

Diese Sozialisation wird biographisch greifbar von der Tochter Bice verkörpert: Sie war dem dritten Orden der Dominikaner beigetreten, war also eine *Pinzochera* (Laienschwester), hatte – ungewöhnlich bei Töchtern – mit dem Vater die Emanzipation vereinbart und nahm sich die Freiheit, in bescheidenem Umfang Kapitalgeschäfte zu tätigen. Mittels einer kleinen Stiftung zugunsten armer Leute in Vespignano sollte sie sich um Giottos geistliches Gedächtnis und Seelenheil kümmern – der einzige Akt von Pietät seitens der Familie, von dem wir nach Giottos Tod Kenntnis haben.

Andererseits wissen wir, daß ein Sohn Giottos Francesco und eine Tochter Chiara hieß. Als die beiden getauft wurden, also irgendwann um 1300 (Francesco) bzw. um 1305–1310 (Chiara), hat der Maler mit den Ideen und Nachfolgern des heiligen Franziskus kaum derart auf dem Kriegsfuß gestanden, wie die Canzone dies übermittelt. Wahrscheinlich liegt richtig, wer ein gespaltenes und wechselndes Verhältnis zum Franziskanertum annimmt, und sicher stand Giotto damit nicht allein. Die Franziskaner hielten den vermögenden Städtern nämlich einerseits den Spiegel des Neuen Testaments vor und klärten sie auf, daß eher ein Kamel durch ein Nadelöhr gelange als ein Reicher in den Himmel. Andererseits halfen sie Ihnen bei der Gestaltung eines spirituellen Lebens und zeigten praktische Wege, wie das Nadelöhr zum Himmelreich passierbar zu machen sei. Das konnte zu einer emotionalen Sicht auf den Orden und seine Lehren führen, bei einem großen Bankier wie bei einem kleinen Unternehmer mit Grundbesitz, als der uns Giotto aus den Urkunden entgegentritt.

Aber natürlich ist nicht nur die inhaltliche Position von Interesse. Erstaunlich scheint ja vor allem, daß Giotto überhaupt ein Lied erdacht und gesungen hat, und die Frage drängt sich auf, warum er sich dazu berufen fühlte. Sollte man das nicht als eine Geste lesen, und läßt sich hier nicht so etwas wie ein Selbstentwurf Giottos greifen, der über das Selbstverständnis eines noch so raffinierten Bildermachers hinausweist?

8. Auswärtige Aufträge

Ein erheblicher Teil von Giottos Produktion war für andere Orte als Florenz bestimmt. Als Künstler war er von Anfang an eine überregionale Figur, und das blieb auch in den zehner und zwanziger Jahren so, als er relativ ortsfest in Florenz arbeitete. Zu den ehrenvollsten Aufträgen, die ihn erreichten, gehörte der für den sogenannten Stefaneschi-Altar. Das dürfte in den frühen bis mittleren zwanziger Jahren gewesen sein. Vermutlich hat Giotto das Werk im Florentiner Atelier geschaffen. Der Besteller, Kardinal Stefaneschi, lebte damals längst nicht mehr in Rom, sondern in Avignon, war als Kanoniker von St. Peter aber keineswegs davon entbunden, sich um diese Kirche und den Gottesdienst dort zu kümmern. So kann man die Stiftung des Altars eine Art noble Ersatzhandlung nennen: Ohne Avignon verlassen zu müssen, demonstrierte der Kardinal Präsenz und Fürsorge. Die Beauftragung des Florentiners lag mit Blick auf die alte Verbindung nahe (Stefaneschi hatte mit dem Navicella-Mosaik einen Grundstein zu Giottos Karriere gelegt), ist aber auch symptomatisch für das Schicksal der ewigen Stadt in den Jahrzehnten der avignonesischen Gefangenschaft des Papsttums: Weder der Auftraggeber noch der Künstler waren (längerfristig, wenn überhaupt) vor Ort, die Stiftung ereignete sich wie

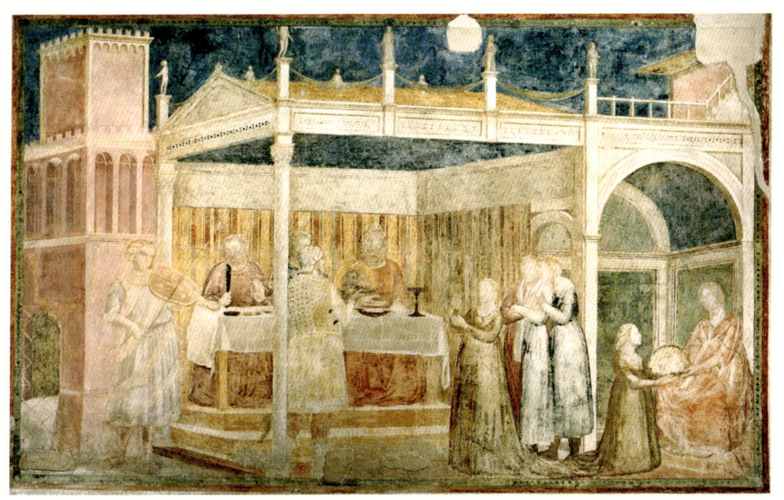

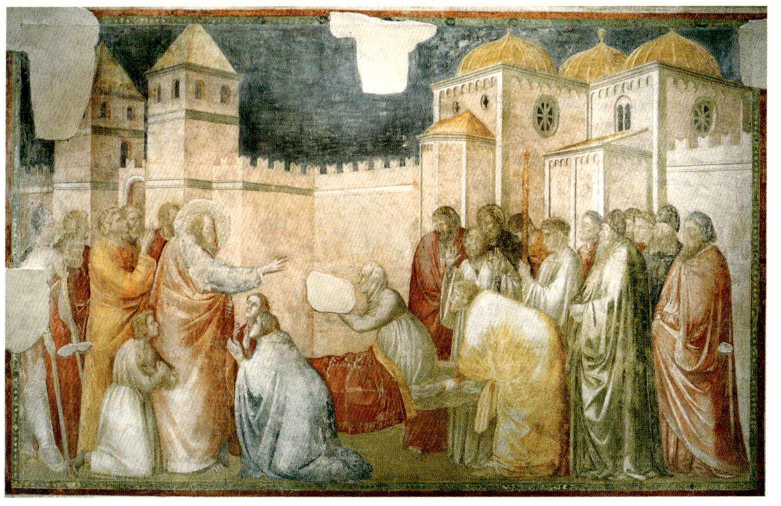

27 (oben) Gastmahl des Herodes (1334–1336), Florenz, Santa Croce, Peruzzi-Kapelle
28 (unten) Auferweckung der Drusiana (1334–1336), Florenz, Santa Croce, Peruzzi-Kapelle

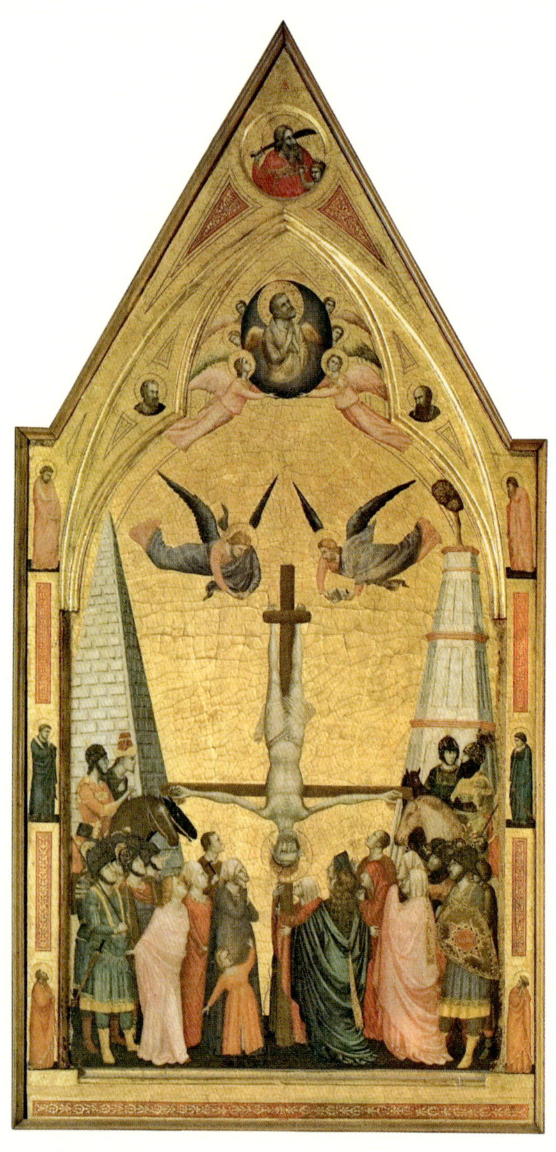

29 Stefaneschi-Altar (ca. 1320–1326), Vorderseite: Kreuzigung des Petrus, Rom, Galleria Apostolica Vaticana

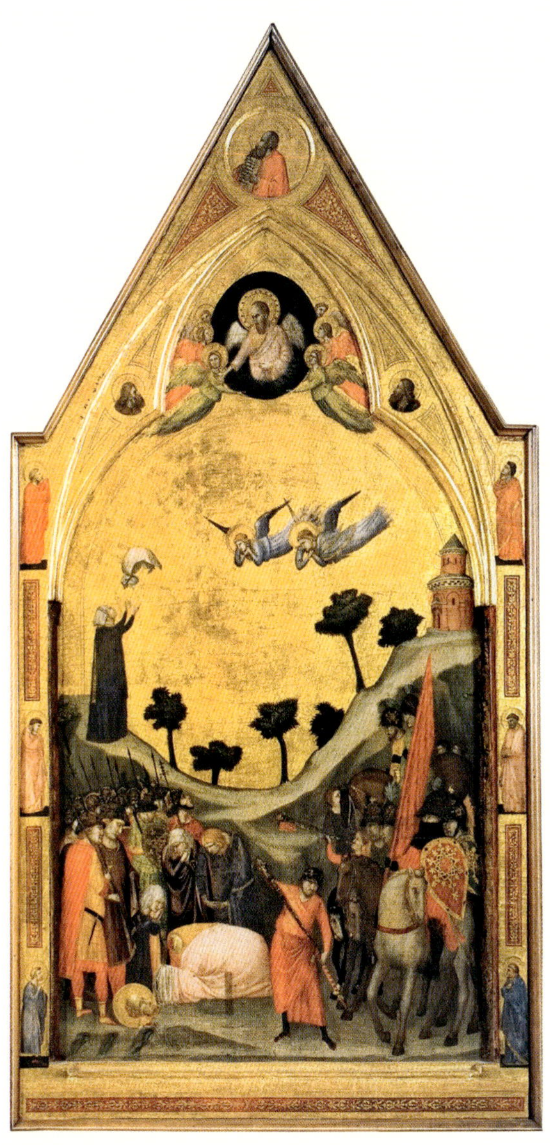

30 Stefaneschi-Altar (ca. 1320–1326), Vorderseite: Enthauptung des Paulus, Rom, Galleria Apostolica Vaticana

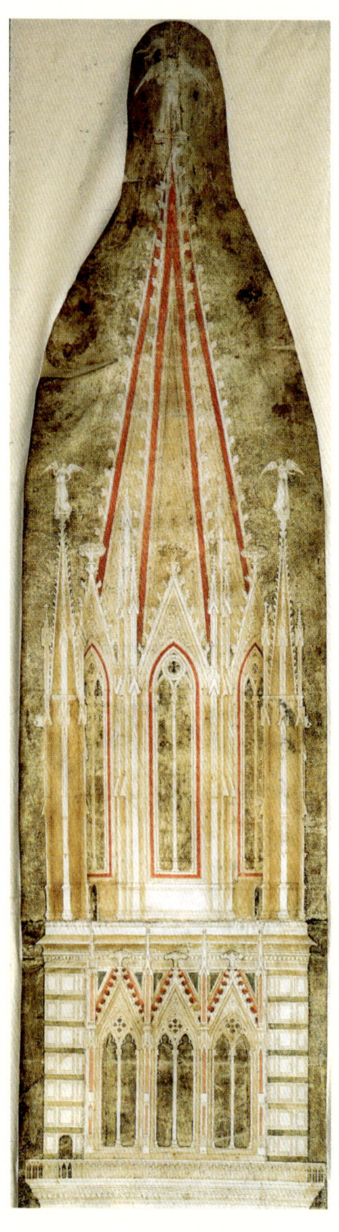

31 Riß für den Campanile des Doms von Florenz (Kopie oder Bearbeitung des mittleren 14. Jahrhunderts nach Giottos Plan), Detail: fünftes Geschoß und Aufsatz, Siena, Museo dell'Opera del Duomo

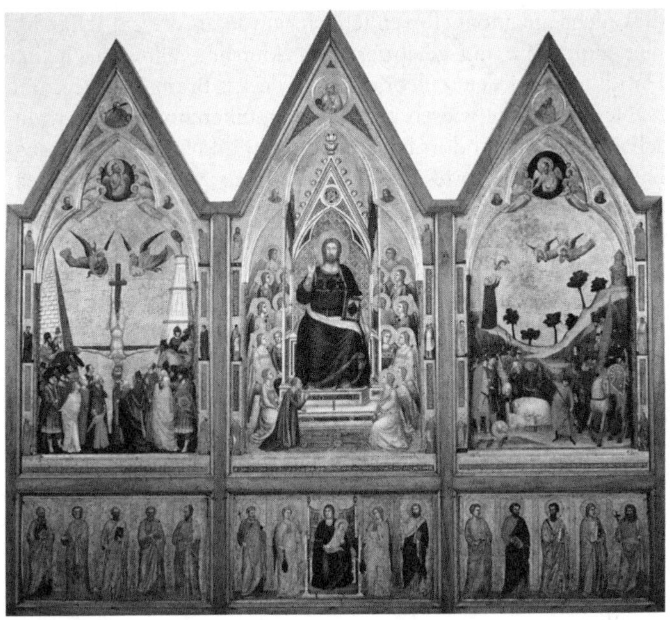

32 Stefaneschi-Altar (ca. 1320–1326), Vorderseite, Rom, Galleria Apostolica Vaticana

ferngesteuert. Von diesen Umständen haftet auch dem Kunstwerk selbst etwas an. Die Bilder sind erfindungsreich und prächtig, in den Details zeigen sie aber Schwächen. Giotto delegierte mehr an seine Mitarbeiter, als er es sich das bei anderen Tafelbildern gestattet hatte. Es entstand ein Aufwand, Erlesenheit und Modernität evozierendes Werk – gleichzeitig war aber klar: Nach Lieferung würde es aus dem Gesichtskreis des Malers und seiner Florentiner Kunden verschwinden, dem Stifter würde es vielleicht nie vor Augen kommen, repräsentieren würde es die beiden an einem Ort, der in die Provinzialität abgerutscht war.

Lange galt als ausgemacht, daß das aus vielen Tafeln zusammengesetzte Altarbild (man spricht von einem Polyptychon) für den Hochaltar der alten Peterskirche bestimmt war, doch ist dies nicht gut möglich, schließlich wurde an diesem Altar immer zum Volk hin zelebriert; ein Altarbild hätte die heilige Handlung und den Zelebranten verdeckt. Bram Kempers und Sieble de Blaauw wiesen auf den Kanonikerchor als den wahrscheinlicheren Standort hin – ein umschrankter Bezirk im Langhaus, der dem Gottesdienst des Kapitels von St. Peter diente, also jener Institution, der Stefaneschi angehörte, die er zu stützen suchte und die sein Andenken als Wohltäter pflegen sollte. Der Altar war Maria geweiht, was gut zu dem Madonnenbild auf der Predella, der Untertafel, des Stefaneschi-Polyptychons paßt. Wir haben uns das Werk also im Langhaus von St. Peter auf einem Altar fast freistehend vorzustellen, so daß man vom Gestühl der Kanoniker aus die Vorderseite mit dem thronenden Christus in der Mitte und den Martyrien von Petrus und Paulus auf den Seitentafeln sah (Abb. 32) – und in einiger Entfernung dahinter das gewaltige Apsismosaik, das gleichfalls den thronenden Christus zeigte. Vom Querhaus der Kirche aus, die Apsis im Rücken, sah man die Rückseite mit dem thronenden Petrus auf der Mitteltafel und Aposteln auf den Seitentafeln.

Als Generalthema der Vorderseite läßt sich bestimmen: Rom als heilsbringender Ort – ein Trost für die im vernachlässigten Zentrum der lateinischen Christenheit verbliebenen Kollegen Stefaneschis und eine Bestätigung für die Pilger, die zu den Gräbern der Apostel Petrus und Paulus kamen, gleich wo der Papst aktuell residierte. Von Stefaneschi läßt sich sagen, daß er der entscheidende Propagandist, wenn nicht der Erfinder des heiligen Jahres 1300 und damit aller heiligen Jahre war. Im Zentrum der Spiritualität des ersten Jubeljahres standen die Martyrien von Petrus und Paulus, Ereignisse, in denen der Kardinal die Grundlage für die welt- und heilsgeschichtliche Rolle Roms erblickte. Im ersten der beiden «Heldenlieder» (*Eroyca carmina*), die am Ende seines Buchs über das heilige Jahr stehen, schreibt Stefaneschi über das Apostelpaar:

> Die Zwillinge nämlich heiligen die Stadt mit ihren rosenfarbigen
> Siegen, erfochten

Unter derselben Sonne. Rom hat Teil daran, und so fehlen nicht
die Gunstbezeigungen
Des strengen Richters: Von da an sammelte Rom in den Kirchen
die Geschenke Gottes.

Entsprechend sind die beiden Bilder auf dem Altar voll topographischer Angaben (Abb. 29, 30). In der Petruskreuzigung sind es die Romuluspyramide und die «Terebinthe», zwei antike Grabmäler, die inzwischen verschwunden sind, für die Römer und Pilger des Mittelalters aber die Wahrzeichen des *Ager Vaticanus*, also jenes Bodens waren, auf dem die Heiden das Kreuz des Petrus aufgerichtet und in den seine Anhänger seinen Leib zur Ruhe gebettet hatten. Auf der Tafel mit der Enthauptung des Paulus ist es das von fern an der Via Appia sichtbare Grabmal der Cecilia Metella, welches das südliche Vorfeld der Stadt und damit den Ort des Martyriums und der irdischen Ruhe von Paulus kennzeichnet.

Daneben fällt auf, wie figurenreich die Bilder sind. Giotto folgte hier den neuesten, von seinen eigenen Schülern und von sienesischen Kollegen gesetzten Standards für die Kreuzigung Christi. In der deutschsprachigen Kunstgeschichte nennt man den Bildtyp den volkreichen Kalvarienberg. Christusgleich seien Petrus und Paulus gestorben, so darf man die Botschaft wohl lesen. Ergänzt wird diese Aussage durch die Rundbilder in den Giebeln über den Szenen: Links zeigt sich Abraham, dem das Gelobte Land zum ersten Mal für seine Nachkommenschaft von Gott übergeben wurde, und rechts Moses, der es für Abrahams Kinder erneut erhielt. Rom ist somit definiert als heiliges Land, wo höchste Heilsausbeute winkt. Alles in allem bietet das Polyptychon ein ungemein komplexes und anspruchsvolles Programm, von dem man gern wüßte, wie es zwischen Stefaneschi und Giotto ausgehandelt wurde. Bedenkt man die sonderbare Auftragssituation, hatte der Maler wohl keinen geringen Anteil an dem Konzept.

Den umfangreichsten Auftrag seiner Karriere überhaupt erhielt Giotto aus Neapel, und weder die Dimension noch der Umstand, daß es um Wandbilder ging, machten es möglich, ihn von Florenz aus zu erledigen. Tatsächlich hat er Giottos Leben aus der Bahn gelenkt.

Das kunstgeschichtliche Problem der Neapler Phase ist, daß sich von dem, was Giotto dort schuf, so wenig erhalten hat – nicht mehr als Ornamente und dekorative Köpfe in den Fensterlaibungen der großen Kapelle des Castel Nuovo, der königlichen Residenzburg. Gleichzeitig ist klar, daß die Ausmalung einen gigantischen Umfang hatte und die Wandbilder, wären sie erhalten, heute neben oder noch vor der Arena-Kapelle als Giottos Hauptwerk gelten würden. Der neuerliche Paradigmenwechsel, der in den Szenen der Peruzzi-Kapelle zu beobachten ist, wurde vermutlich im weiten Experimentierfeld des Neapler Bildprogramms erarbeitet.

Das biographische Problem ist, daß Giotto mit der Annahme des Auftrags aus Neapel seine Existenzform grundlegend geändert hat. Dabei sollte man annehmen, daß die Art, wie er angesehen, wenn nicht feudal in Florenz und Vespignano lebte, nichts zu wünschen übrig ließ. Man könnte erwägen, ob die Zunft durch Überregulierung seine Produktion behindert hat und es ihn deshalb von Florenz wegzog. Aber im Statut, das die Rektoren der Ärzte und Apotheker im März 1315 für den *Membro dei pittori* (Malerzweig) erlassen hatten, ist nichts zu entdecken, was die künstlerische und ökonomische Entfaltung eines erfolgreichen Malers hätte hemmen sollen. Wenn etwas erschwert wurde, dann die Zusammenarbeit mit Personen von außerhalb. Das geschah wohl auch, um zu verhindern, daß sich ein ortsfremder (sagen wir sienesischer) Unternehmer so verhielte wie Giotto 1308 in Assisi. Damals bediente er sich offenbar der Infrastruktur einer einheimischen Werkstatt, und die Maler von Assisi hatten einen Kuckuck in ihrem Nest sitzen.

Unter dem, was ihn aus Florenz fort und nach Neapel lockte, war mit Sicherheit ein großzügiges finanzielles Angebot des Königs. Am 8. Dezember 1328 verfügte Robert von Neapel, schon von seinen Zeitgenossen «der Weise» genannt, «Meister Giotto aus Florenz» sei ein monatliches Gehalt anzuweisen; leider ist die Höhe nicht überliefert. Zusätzlich gab es noch Sonderzahlungen aus der Hofkasse. Neben ökonomischen Vorteilen kann allerdings auch die Aussicht auf Teilhabe an einem glänzenden Hofleben für den Entschluß zu übersiedeln eine Rolle gespielt haben. Zu Giottos Betätigung als Sänger würde das nicht schlecht passen, nur hätte der Tenor des überlieferten Liedes wenig gefallen, denn der Neapler Hof hätschelte gerade den fundmentalistisch armutsorientierten Spiritualenflügel des Franziskanerordens. Instruktiv ist eine Urkunde vom 20. Januar 1330. Sie macht deutlich, daß Giotto ein regelrechtes Hofamt innehatte. König Robert läßt protokollieren:

Gerne nehmen wir in unsere *familia* (Hausgemeinschaft) diejenigen auf, die durch die Redlichkeit ihres Charakters anerkannt sind, sowie durch besondere Tugend sich empfehlen. Mit Rücksicht darauf, daß der Meister Giotto, Maler aus Florenz, unser Familiare (Gefolgsmann) und Getreuer, redliche Handlungen und fruchtbare Dienste glänzend ausgeführt hat, nehmen wir ihn als unseren Familiaren auf, empfangen ihn unter unseren Schutz und wollen wir, daß er in den Genuß jener Ehren und Privilegien komme, welche die anderen Familiaren innehaben, nachdem der übliche Eid geleistet ist.

Fraglos bedeutete dies für den Maler einen erheblichen Zuwachs an Prestige. Damit stand er nicht allein. 1317 hatte König Robert den etwas jüngeren Simone Martini zum Ritter geschlagen, und dieser war keineswegs der erste Maler, dem in Neapel solche Ehren zuteil wurden. Überhaupt kam es seit dem mittleren 13. Jahrhundert an den Höfen Europas nicht selten vor, daß nichtadelige Experten – Ärzte, Gelehrte, Architekten, Maler – in die königlichen Hausgemeinschaften aufgenommen wurden und sogar den Ritterschlag erhielten. Der von Kulturhistorikern immer wieder gern erzählte Aufstieg des Künstlers vom Handwerker (Mittelalter) über den prometheischen Schöpfer (Renaissance) zum Genie (Moderne) hat also früher begonnen als meist angenommen wird und ist auch darauf zurückzuführen, daß das Mittelalter die Kompetenzen der Handwerker viel dringender brauchte und höher schätzte als spätere Zeiten. Wo Dante Gott einen Künstler nennen wollte, nannte er ihn *fabbro*, Schmied (*Purgatorium* X, 99).

Eine Urkunde des königlichen Schatzmeisters vom 20. Mai 1330 teilt recht genau mit, woran Giotto arbeitete: Er leitete die Ausmalung der «großen Kapelle» sowie die der «nicht-öffentlichen Kapelle» im Königsschloß Castel Nuovo. Eine Altartafel (*cona*) war auf Bestellung König Roberts im Haus «des Meisters Giotto, des leitenden Hauptmeisters der Malereiwerkstatt», bereits ausgeführt worden. Die Titulatur *prothomagister operis*, die Nennung von «verschiedenen anderen Meistern» und die aufgezählten Materialien geben einen Eindruck vom Aufwand, der getrieben wurde, und von der Organisationsform der Werkstatt. Giotto war in Neapel nicht eigentlich als Unternehmer tätig, sondern die Posten, gleich ob Arbeitskräfte oder Material, wurde durch das Schatzamt beglichen. Die Zahlungsbelege reichen vom Sommer 1329 bis zum Jahresende 1333.

Daß der König zufrieden war, zeigt eine Anweisung an das Schatzamt vom 16. März 1332: Man solle dem Künstler zwei Unzen Gold als Geschenk auszahlen. Am 26. April desselben Jahres schließlich setzte ihm König Robert eine lebenslange Pension von zwölf Unzen jährlich aus. Das war ein Betrag, der etwas über der Summe lag, die Papst Johannes XXII. acht Jahre vorher Giottos Sohn als Pfründe zugesagt hatte, ein Einkommen, das wohl für sich gesehen schon eine bequeme Lebensführung sicherstellen konnte.

9. Empfangen in seiner Vaterstadt

Wann genau Giotto den Hof König Roberts verließ, ist unklar. Ungewiß ist auch, ob er direkt nach Florenz zurückkehrte oder ob er dazwischen, also um 1333, noch im Auftrag der Kurie in Bologna arbeitete. Allerdings kommen für die Bologneser Tätigkeit auch die Jahre 1326/27 in Frage, in denen seine Anwesenheit gleichfalls weder in Florenz bzw. Vespignano noch in Neapel nachgewiesen ist. Jedenfalls war er 1334 wohl im Sommer, spätestens aber im Herbst wieder in Florenz. Urkunden vom 18. Oktober dokumentieren ein Geschäft mit einem Mann namens Justus Torri. Es geht es um ein Grundstück in der Pfarrei von San Bartolommeo, das Justus zuerst an Giotto verkauft, um es dann von ihm zu pachten. So legt man Geld an und umgeht elegant das kirchliche Zinsverbot. Interessant ist auch, daß der Notar den Maler als Bewohner der Pfarrei von San Michele Visdomini anspricht. Giotto ist also nicht in das Heim bei Santa Maria Novella zurückgekehrt, sondern hat sich anderswo niedergelassen. Ein Grund dafür wird durch einen der Zeugen greifbar, die mit den Akteuren vor dem Notar erschienen sind. Es ist Ricco di Lapo, der damals entweder schon Giottos Schwiegersohn ist oder es bald sein wird. Seit spätestens 1320 als Maler tätig, lebte er in der Pfarrei von San Michele Visdomini und unterhielt dort eine Werkstatt. Vertreten durch seinen Sohn Francesco hatte ihm Giotto 1331 eine Generalvollmacht erteilt; er gehörte also zu den Florentiner Statthaltern des auswärtig tätigen Meisters. Leicht denkbar, daß sich Giotto nach der Rückkehr aus Neapel in Riccos Atelier einquartiert hat und daß er sich bei seiner Neuetablierung in Florenz auf den jüngeren Kollegen und Freund der Familie stützen wollte.

Tatsächlich war die Niederlassung bei San Michele Visdomini nicht von Dauer. Urkunden aus den Jahren unmittelbar nach Giottos Tod weisen darauf hin, daß die Familie während des Malers letzter Lebenszeit in der Pfarrei von Santa Reparata, also in der Dompfarrei, gewohnt hat. Der Umzug zwischen dem Herbst 1334 und dem Winter 1336/37 läßt sich wohl mit dem Amt in Zusammenhang bringen, das Giotto nunmehr in Florenz innehatte und für dessen Ausübung ein Wohnsitz beim Dom praktisch war, wenn er nicht sogar zur Verfügung gestellt wurde. Es handelt sich um das Amt des Stadt- und Dombaumeisters, mit dem die Stadtregierung ihn vielleicht aus Neapel zurückgelockt hatte. Jedenfalls klingt wie ein Lockruf, was die Verantwortlichen am 12. April 1334 beschlossen. Giotto wird mit Lob überschüttet, und ihm wird attestiert, nur er könne das Amt ausfüllen. Aber dieses Amt qualifiziert zu besetzen, scheint nicht einmal das zentrale Motiv, denn es wird auch betont, wie wichtig es sei, Giotto überhaupt zurückzuholen, und wie die Stadt allein schon von seiner Anwesenheit profitieren würde (Übersetzung von Walter Paatz):

Die Herren Zunftprioren und der Gonfaloniere sowie der Zwölferrat wünschen, daß die Arbeiten, die in der Stadt Florenz im Auftrag der Kommune Florenz jetzt und in Zukunft ausgeführt werden, in einer Weise fortschreiten, daß sie Ehre einbringen und zu einer Zierde werden, was vollkommen nur gelingen kann, wenn ein erfahrener und berühmter Mann an die Spitze gestellt und ihm als Meister die Leitung dieser Arbeiten übertragen wird; und auf der ganzen Welt – so sagt man – läßt sich niemand ausfindig machen, der besser dazu im Stande sei als Meister Giotto di Bondone aus Florenz, der Maler; er müsse empfangen werden in seiner Vaterstadt als ein großer Meister und müsse in der genannten Stadt hochgeschätzt werden, so daß er auch Anlaß habe, in ihr dauerhaften Aufenthalt zu nehmen; kraft seiner Anwesenheit würden viele durch seine Wissenschaft und Gelehrsamkeit Fortschritte machen und nicht geringes Ansehen würde der Stadt erwachsen.

Am Ende steht der Beschluß für die Ernennung zum Meister und Vorsteher (*Magister et gubernator*) einerseits des Dombauamtes, andererseits «der Errichtung und Verbesserung der Mauern der Stadt Florenz und der Befestigung derselben Stadt und anderer Baustellen der genannten Kommune». Der Text zeigt, wie die Florentiner nicht allein froh sind, daß Giottos Rückkehr in Aussicht steht, sondern wie sie auch manches tun wollen, um ihn in Zukunft zu halten. Dem Tenor nach war er nicht nur als Fachmann geschätzt, sondern eine populäre Gestalt. Es zeichnet sich sogar ab, wie Popularität in eine andere Qualität umschlägt. Walter Paatz hat beobachtet, daß die Worte «und er müsse empfangen werden in seiner Vaterstadt» («et accipiendus sit in patria sua») an das Christuswort vom Propheten, der im eigenen Land nichts gilt, anklingen (Lukas 4,24): «Amen dico vobis, quia nemo propheta acceptus est in patria sua.» («Wahrlich, ich sage euch, kein Prophet ist anerkannt in seinem Vaterland.») Giotto erscheint als der Ausnahmefall eines Propheten, den seine Mitbürger zu schätzen wissen. Damit wird seine Lebensgeschichte zu einem Gegenbild von Dantes bösem Schicksal, den die Florentiner vertrieben und nie zurückgeholt haben. Von hier aus ist wohl zu verstehen, warum sich Giottos und Dantes kulturelle Physiognomien derart verknüpften, daß die Nachwelt des ausgehenden 14. Jahrhunderts sie zu Freunden erklärte und Dante-Bildnisse von Giottos Hand suchte und – wie sollte es anders sein? – auch fand.

Laut Giovanni Villanis Stadtchronik wurde der Grundstein des Campanile des Florentiner Doms am 18. Juli 1334 gelegt. Daß Giotto oder die Verantwortlichen bei der Wollweberzunft, die das Dombauamt betreuten, den Turm in Angriff nahmen, bevor der Neubau der Kathedrale selbst abgeschlossen oder benutzbar war, wird gern als eine Geste gelesen, die Giotto kennzeichnet. Tatsächlich hat diese Bauabfolge aber innere Logik. Der alte Campanile stand dem Weiterbau des Schiffs im Weg. Hätte man in dieser Situation nicht mit dem Neubau des Glokkenturms weitergemacht, hätte man für Jahrzehnte auf den Klang der Glocken von Kathedrale und Baptisterium verzichten müssen. Das geistliche Herz der Kommune wäre stumm gewesen – ein unerträglicher Zustand in der mittelalterlichen Stadt. Trotzdem bleibt Giottos Wagemut bemerkenswert. Selbst wenn der Maler vorher schon an der Planung und Ausführung von Bauwerken beteiligt gewesen wäre (Belege gibt es nicht), kann schwerlich etwas darunter gewesen sein, das an Anspruch und Schwierigkeitsgrad eines großen Campanile herangereicht hätte.

Was ihn zum einen qualifizierte, war seine Tätigkeit als Entwerfer von Scheinarchitektur und von gotischen Rahmenwerken für seine Altäre. Die elaborierteste architektonische Fassung besaß das Ensemble des Stefaneschi-Altars. Nicht zuletzt mit Hilfe des aufwendigen vergoldeten Rahmenwerks bestand Aussicht, daß es sich im Riesenraum von Alt-St. Peter visuell behaupten würde. Leider ist die Mehrzahl der Teile verlorengegangen. Indes zeigt die Mitteltafel der Rückseite, wie der Stifter dem heiligen Petrus das Polyptychon in Modellform überreicht, und dort erscheint der Altaraufsatz im Schmuck all seiner gotischen Zierate (Abb. 33). Insgesamt war es ein komplexes System aus Säulchen, einander unter- und übergeordneter Spitzbögen, Fialen und Wimpergen (Giebeln), das ein französischer oder rheinischer Architekt der Giotto-Zeit nicht schlüssiger

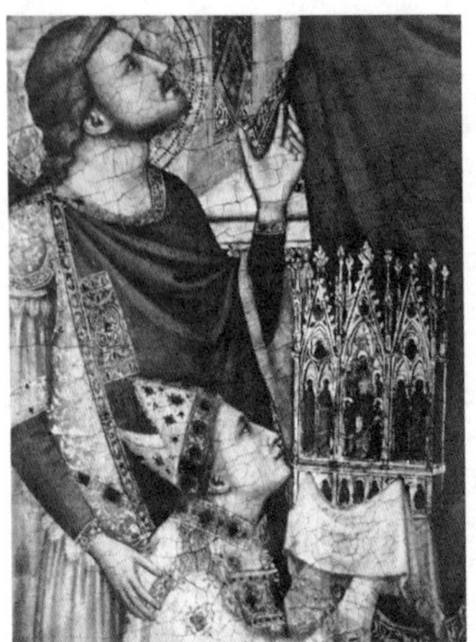

33 Stefaneschi-Altar (ca. 1320–1326), Rückseite, Detail, Rom, Galleria Apostolica Vaticana

und eleganter hätte entwerfen können. Die nächste Parallele ist der steinerne Hochaltar der Elisabeth-Kirche in Marburg von 1290, dessen Formensprache von der Bauhütte des Straßburger Münsters geprägt ist. Damit aber repräsentieren der Marburger und der Stefaneschi-Altar genau jene Stilstufe von Gotik, die auch der in Siena erhaltene Plan für den Florentiner Campanile zeigt: Wahrscheinlich ist es Giottos Plan bzw. eine Kopie danach (Abb. 31). Die Gruppe von drei Fenstern im fünften Geschoß (Glokkengeschoß) wirkt wie eine Variante sei es des Stefaneschi-, sei es des Marburger Altars. Sie könnte aber auch in Paris, Straßburg oder Freiburg entworfen worden sein. Von der additiven Machart anderer gotischer Architekturversuche in Italien unterscheidet sich dieses systemorientierte, auf Schlüssigkeit ausgelegte Muster unmißverständlich.

Was Giotto daneben auch qualifiziert hat, war seine Kindheit in Bondones Schmiede. Beim Bau des Straßburger Münsters sei der Schmied fast so wichtig gewesen wie der Steinmetz, haben Kenner gotischer Baukunst festgestellt, um einen bestimmten Trend in der Architektur nördlich der Alpen zu charakterisieren. In seinem oberen Abschluß zeigt der Turm auf dem Sieneser Plan eine Form gotischer Architektur, wie sie sich ohne den Einsatz von Eisen nicht realisieren ließ. Der nächstverwandte Turmaufsatz, der wirklich gebaut wurde, der Abschluß des Freiburger Münsterturms, hält durch ein System eiserner Ringanker. So wurde in Freiburg baubar gemacht, was in Straßburg nur als ehrgeiziger Plan existierte: der Steinhelm über dem gänzlich freistehenden durchfensterten Oktogon. An einer Stelle im Sieneser Riß sind Eisenstangen sogar sichtbar: Sie kommen aus den Fenstern der Diagonalseiten des Oktogons und laufen zu den Fialen, die seitlich aufsteigen. Das ist ungewöhnlich, vergleicht man es mit der Verwendung von Eisen in der gotischen Architektur Mittel- und Westeuropas, und hätte statisch keinen Effekt gehabt. Um so klarer zeichnet sich ab, daß der Entwerfer an einem kritischen Punkt auf die Kompetenzen der Schmiedekunst, der *ars mechanica* schlechthin, vertraute.

Das letzte Dokument, das Giotto selbst als handelnde Person zeigt, wurde am 12. Dezember 1335 in der Florentiner Dombauhütte ausgefertigt. «Giotto der Maler» tritt als Zeuge auf, als beim Vizekämmerer der Hütte das Geld für eine kleine fromme Stiftung eingezahlt wird. Über Giottos letztes Lebensjahr, das noch einmal eine neue Aufgabe brachte, informiert uns ein Satz in der Florentiner Stadtchronik von Giovanni Villani. Vor 1348 niedergeschrieben, ist der Text nah an den Ereignissen:

> Als dieser Meister Giotto aus Mailand zurückgekehrt war, wohin ihn unsere Kommune entsandt hatte, damit er dem Herrn von Mailand diene, ging er am 8. Januar 1336 [1337 moderner Zeitrechnung] aus diesem Leben ab und wurde durch die Kommune mit großer Ehre in S. Reparata begraben.

Daß Giotto auf Veranlassung der Florentiner Stadtregierung in den Dienst des Azzone Visconti, des Gründers der Mailänder Stadtherrschaft, getreten war, ist aus verschiedenen Gründen bemerkenswert. Zum einen muß es bei der Mission um mehr gegangen sein als um routinemäßige Fühlung mit einem regionalen Machthaber: Azzone war kaiserlicher Vikar in Italien und bis zu seinem Tod 1339 ein Unruhefaktor von europäischer Reichweite. Zum anderen scheint Giotto das erste Beispiel für einen Künstler-Diplomaten zu liefern, eine Rolle, die 300 Jahre später Peter Paul Rubens in London, Den Haag und anderswo wie kein anderer ausgefüllt hat. Allerdings gab es selbst im Fall Rubens Stimmen, die fragten, ob ein Maler solchen Aufgaben gerecht werden könne. Wenn bei den Florentinern die Zweifel keine Oberhand gewannen, hat das sicher mit Giottos

Tätigkeit am Hof von Neapel zu tun. Von Bedeutung waren aber auch die Strukturen in der von den Zünften regierten Kommune: Nachdem die Maler ihre Korporation aufgelöst und sich bei den Ärzten und Apothekern organisiert hatten, gehörte Giotto einer der hohen Zünfte (*Arti maggiori*) an, die seit mehr als einem Jahrhundert politische Verantwortung trugen und Gesandte stellten.

10. Tot und begraben, auferstanden im *Dekameron*

Giottos Bestattung im Dom Santa Reparata (später Santa Maria del Fiore), von der Villani berichtet, kann so oder so verstanden werden: zum einen als Ehrengrab der Kommune. Ein solches kam in Florenz Heerführern, Dichtern, Gelehrten und Politikern zu. Eine regelrechte Tradition setzte aber erst Jahrzehnte nach Giottos Tod ein. Zum anderen als Architektengrab: Daß man einen Baumeister in der ihm anvertrauten Kirche begrub, geht in Frankreich weit ins 13. Jahrhundert zurück. Eine besonders eindrucksvolle Inszenierung war das Grab des Hughes Libergier († 1263) in der Abteikirche Saint-Nicaise in Reims. Im Gesichtskreis der Florentiner gab es das Monument für den Baumeister Busketus aus dem frühen 12. Jahrhundert zwar nicht im Innenraum, aber an der Fassade des Pisaner Doms.

Auch das Architektengrab stellt eine Ehrung dar, aber eine weniger auf die Persönlichkeit bezogene. Gefeiert wird nicht der große Mitbürger, sondern man dankt dem kompetenten Techniker und räumt ihm einen Anteil am ideellen Aspekt des Kirchenbaus ein. Ebenso wie der Bauherr hat er ein Werk vollbracht, das Gedenken rechtfertigt und seiner Existenz im Jenseits zugute kommt. Dazu paßt die Position von Giottos Grab, sofern die Erneuerung des Denkmals in Santa Maria del Fiore durch Lorenzo den Prächtigen (1489) wirklich auf die Lage der Grabstelle im Vorgängerbau Santa Reparata bezogen ist, wie Vasari glaubte. An der Südwand des Westjoches befindet sich das Monument so nahe wie möglich am Campanile, der als Giottos eigentlicher Beitrag zum Dombau gelten kann.

Doch spricht Giovanni Villanis Formulierung für ein Ehrengrab. Allerdings blickt der Text zurück. Villani beschreibt, was seine Zeitgenossen einige Jahre nach Giottos Tod wahrnahmen, und nicht unbedingt das, was die Elite der Stadt mit ihrem Handeln hatte ausdrücken wollen. So mag das Grab ein quasi unabsichtliches, im Hinblick auf den Nachruhm und die Folgen aber paßgenaues Ehrengrab gewesen sein, das zum Stifter einer Tradition wurde.

Von Giottos Ehefrau hörte man wenig, solange der Maler lebte. In einem Bündel von Urkunden taucht sie erst auf, als es um den Nachlaß ging. Am 4. Juli 1337 bereitet «Frau Ciuta, Tochter des verstorbenen Lapo Pele aus der Pfarrei von San Pancrazio von Florenz, Ehefrau des verstorbenen Malers Giotto, Sohn des verstorbenen Bondone aus der Pfarrei von Santa Maria Novella» in Vespignano den Verkauf von Liegenschaften aus Giottos Erbe vor. Aus einem Dokument vom 20. Dezember 1337 läßt sich herauslesen, daß Ciuta damals in der Dompfarrei von Santa Reparata lebte, also wohl in der Wohnung, die sie mit Giotto geteilt hatte. In Urkunden der Jahreswende 1337/38 geht es um die Regelung der Nachlässe Giottos und seiner Tochter Bice. Die letzte bekanntgewordene Nennung von Ciuta stammt von 1344. Nunmehr stehen die Nachlaßangelegenheiten ihres Sohnes Francesco an. Eine kleine Rente, die er ihr zu zahlen hatte und die jetzt sein Bruder und Erbe Bondone genannt Donatus aufbringen muß, wird der Tochter Lucia überschrieben.

Die Quellen reichen nicht hin, die Vermögensverhältnisse Giottos und seiner Erben transparent zu machen. Außer Frage steht nur, daß trotz Giottos künstlerischer Erfolge und seiner geschäftlichen Umtriebigkeit wirklicher Reichtum nicht gegeben war. Das läßt sich etwa an der Mitgift für seine Tochter Chiara ablesen: 340 Lire – das liegt nur wenig über den 300 Lire, welche die Frau von Giottos Bruder Martino 1295 in die Ehe gebracht hatte. 1326 lebte der Maler demnach nicht in kategorial anderen ökonomischen Verhältnissen als ein Schmied 30 Jahre vorher. Allerdings waren die Umstände der Witwe gesicherte, sonst hätte sie nicht auf die Leibrente verzichten können.

Die Lage der Florentiner Renaissance-Künstler beschrieb Martin Wackernagel so: «Es war aus künstlerischer Arbeit in der Regel ein ziemlich fortlaufendes, wenn auch nicht gerade beträchtliches Einkommen zu erzielen, das auch vielfach, im Lauf der Jahre, den Aufstieg in eine gewisse bürgerliche Wohlhabenheit, den Erwerb etwelchen Kapital- und Grundvermögens ermöglichte.» Damit ist der Rahmen auch schon für Giottos Situation abgesteckt. Freilich wird leicht übersehen, daß es neben dem Finanziellen auch andere Formen von Vorteil gab, etwa gesellschaftliche Verbindungen. Sie konnten die Position der Familie langfristig verbessern. Im Fall Giottos sei an die von allerhöchster Stelle geförderte geistliche Karriere des Sohnes Bondone erinnert, die bei entsprechendem Engagement weit hinauf hätte führen können. Nikolaus, der älteste Sohn des Prager Dombaumeisters Peter Parler, brachte es einige Jahrzehnte später über die geistliche Schiene zum *Magister*, *Medicus* und *Canonicus* – also zu einer Position in der kirchlich-akademischen Elite Böhmens.

Eine Rolle, die soziale Ansprüche deutlich werden läßt, spielt der Maler in seinem ersten wirklich sprechenden Auftritt als literarische Figur (nach den stets kurzen Erwähnungen bei Dante und anderen Dichtern). Die Rahmenhandlung von Giovanni Boccaccios *Dekameron* ist bekannt: Elf Jahre nach Giottos Tod herrscht in Florenz die Pest. Die öffentliche Ordnung bricht zusammen; wer es sich leisten kann, verläßt die Stadt. Boccaccio beschreibt, wie sieben junge Damen und drei junge Herren den erzwungenen Urlaub auf dem Land möglichst angenehm verbringen. Zehn Tage lang gibt jede und jeder je eine Geschichte zum besten. Als fünfter Erzähler des sechsten Tages tritt Panfilo auf und trägt folgendes über zwei Florentiner vor, die angeblich sowohl brillante Köpfe als auch körperlich unansehnlich waren – häßlich wie die Mitglieder der Familie Baronci, deren Adel so alt war, daß Gott bei der Erschaffung der ersten Baronci noch geübt hatte, wie es in einer anderen Geschichte des *Dekameron* heißt (Übersetzung von Karl Witte):

Der eine von den beiden, welcher Messer Forese da Rabatta genannt ward, war von so kleinem mißgestaltetem Wuchse und hatte ein so plattgedrücktes Gesicht mit aufgeworfener Nase, daß der Häßlichste unter den Baronci es für eine Schmach gehalten haben würde, mit ihm zu tauschen. Dennoch war er in allen Gesetzesfragen mit so tiefer Einsicht begabt, daß er von vielen kundigen Männern eine Fundgrube der Rechtsgelehrsamkeit genannt wurde.

Der Name des andern war Giotto, und er war mit so vorzüglichen Talenten begabt, daß die Natur, welche die Mutter aller Dinge ist, deren fortwährendes Gedeihen durch das unablässige Kreisen der Himmel bewirkt wird, nichts hervorbringt, was er mit Griffel, Feder oder Pinsel nicht dem Urbild so ähnlich darzustellen gewußt hätte, daß es nicht als ein Abbild, sondern als die Sache selbst erschienen wäre, weshalb denn der Gesichtssinn der Menschen nicht selten irregeleitet ward und für wirklich hielt, was nur gemalt war. Mit Recht kann man ihn als einen der ersten Sterne des florentinischen Ruhmes bezeichnen, denn er ist es gewesen, der die Kunst wieder zu neuem Lichte erhoben hat, nachdem sie Jahrhunderte lang wie begraben unter den Irrtümern derer lag, die durch ihr Malen mehr die Augen der Unwissenden zu kitzeln, als der Einsicht der Verständigen zu genügen bestrebt waren. Und man kann dies um so mehr, mit je größerer Bescheidenheit er sich diesen Ruhm erwarb, indem er, obwohl er ein Meister aller derer war, welche diesen Beruf ausübten, es standhaft ablehnte, Meister genannt zu werden. Und je größer die Gier war, mit der diejenigen, welche viel weniger von der Kunst verstanden als er oder seine Schüler, sich die von ihm abgelehnte Bezeichnung anmaßten, mit desto hellerem Glanze schmückte sie ihn. So groß nun aber auch seine Kunst war, so war er doch in Gestalt und Gesichtszügen um nichts schöner als Messer Forese.

Um jedoch auf meine Geschichte zu kommen, sage ich: Messer Forese und Giotto hatten beide ihre Besitzungen in Mugello. Nun war jener um die Zeit, da die Gerichte ihre Sommerferien halten, dorthin gereist, um nach dem Rechten zu sehen, und als er zufällig auf einem unscheinbaren Rößlein heimwärts ritt, traf er auf den schon erwähnten Giotto, der gleichfalls seine Güter besichtigt hatte und nun nach Florenz zurückkehrte. Giotto aber war in keinem Stücke besser beritten oder bekleidet als jener, und so setzten sie denn, wie es zwei bejahrten Leuten geziemt, langsamen Schrittes miteinander ihre Reise fort. Da geschah es, wie sich dies im Sommer oftmals zuträgt, daß ein plötzlicher Regen sie überfiel, so daß sie sich, so schnell sie vermochten, in das Haus eines Bauern flüchteten, der mit ihnen beiden bekannt und befreundet war. Inzwischen sah es aber nicht so aus, als ob der Regen nachlassen wollte, und da beide noch am selben Tag nach Florenz wollten, liehen sie sich von dem Bauern zwei alte Mäntel, wie man sie in der Romagna trägt, desgleichen, da keine besseren zu haben waren, auch noch zwei Hüte, die vor Alter ganz abgetragen waren, und mit diesen machten sie sich auf den Weg.

Nachdem sie eine Weile geritten waren, hatte der Regen sie völlig durchnäßt; auch waren durch das Gespritze der Pferdehufe bei dem nassen Wetter ihre Anzüge ganz beschmutzt, und beides trug nicht viel dazu bei, ihren Aufzug anständiger erscheinen zu lassen. Mittlerweile hatte aber das Wetter sich ein wenig aufgehellt, und sie begannen, nachdem sie lange Zeit schweigsam nebeneinander geritten waren, sich zu unterhalten. Als nun Messer Forese des Weges ritt und dem Giotto zuhörte, der trefflich zu reden wußte, betrachtete er ihn von der Seite her vom Kopf bis zu den Füßen und um und um, und wie er ihn in allen Stücken so unscheinbar und häßlich fand, begann er, ohne zu bedenken, welche Figur er selbst machte, zu lachen und sagte: «Giotto, wenn jetzt ein Fremder, der dich nie gesehen hätte, uns hier entgegenkäme – kannst du dir denken, daß er dich als den ersten Maler der Welt, der du doch bist, erkennen würde?» Sofort antwortete Giotto: «Messer, ich glaube wohl, daß er mich als solchen erkennen würde, sobald er, nachdem er Euch besehen, glaubte, daß Ihr das Abc könntet.»

Messer Forese erkannte aus dieser Antwort sein Unrecht und sah sich mit einer Münze bezahlt, die der von ihm verkauften Ware völlig entsprach.

Was ist an dieser Geschichte Fiktion, was Realität? Sicher sah Boccaccio die von ihm erschaffenen literarischen und die hinter ihnen stehenden empirischen Personen nicht als strikt getrennte Phänomene. Dasselbe dürfte für das Publikum gegolten haben. Das *Dekameron* war wohl 1351 abgeschlossen und zirkulierte bald. Eine erhebliche Zahl derer, die es in die Hand oder zu Gehör bekamen, besaß also eine lebendige Erinnerung an den vierzehn Jahre zuvor verstorbenen Giotto. Sein Gegenspieler Forese war sogar noch am Leben. Er und andere werden die literarischen Figuren neben die Menschen gleichen Namens gestellt haben. So ist anzunehmen, daß Ähnlichkeit – psychische, von der physischen sei nicht die Rede – vom Autor intendiert war und vom Publikum erwartet wurde.

Dabei war Boccaccio sicher nicht ganz auf Hörensagen angewiesen. Forese da Rabatta war eine Persönlichkeit des öffentlichen Lebens, der man als Florentiner kaum ausweichen konnte. Seit 1320 in der Politik, bekleidete er 1339/40 das höchste Florentiner Staatsamt, das des *Gonfaloniere* («Bannerträger», Oberhaupt der Zunftvorstände), um danach immer neue Verpflichtungen zu übernehmen. Was hingegen Giotto angeht, so lebte der junge Boccaccio in den Jahren 1327 bis 1341 als Sohn eines Agenten des Bank- und Handelshauses Bardi in Neapel und gehörte demnach von seinem 15. bis zu seinem 19. Lebensjahr derselben Florentiner Diasporagemeinde wie Giotto an, der Neapel dann verließ. Wenig plausibel, daß der angehende Dichter den berühmten Maler und Gelegenheitsdichter nicht wahrgenommen haben sollte.

Endlich ist es wahrscheinlich, daß Giotto und Forese auch in Wirklichkeit miteinander Umgang hatten. Foreses Familie verfügte seit Generationen über Besitz im Mugello. 1336, kurz vor seinem Karrieresprung zum *Gonfaloniere*, wird sein Name im Umfeld der Giotto-Famile in Vespignano urkundlich greifbar. In einem Streit zwischen Nachbarn Giottos tritt Forese als Schlichter auf. Demnach sind alle Voraussetzungen dafür gegeben, daß der gemeinsame Ritt nach Florenz tatsächlich stattgefunden haben kann.

Daß das Personal derartig wirklich ist, bedeutet natürlich nicht, daß die Geschichte im Wortsinn wahr sein muß. Was man schließen darf, ist aber folgendes: Das Bild, das der Dichter von Giotto und Forese entwirft, hat dem *Image* entsprochen, das sich die beiden Männer bei ihren Landsleuten erworben hatten. Giotto war also wohl als ähnlich schlagfertig erlebt worden, wie die Geschichte ihn beschreibt, und man erinnerte sich seiner als eines anziehenden Gesellschafters – selbst für akademisch gebildete Leute.

Von Interesse ist auch, daß Forese den Maler in der Geschichte duzt und Giotto nennt, während der ihn siezt und mit *Messer* («Herr») anspricht, dies den Gang der Unterhaltung aber nicht beeinflußt. Ein Thema des Textes ist, wie Geist Standesunterschiede einebnet. In der Tat war die Schlagfertigkeit, die Giotto unter Beweis stellt, klar der Oberschicht zugeordnet. Ein Beispiel im *Dekameron* gibt ein ebenso standesbewußter wie scharfzüngiger Dichter und Aristokrat, der aus berühmter Familie stammende Guido Cavalcanti. Seine Verse hatten wohl Bedeutung für Giottos eigenen poetischen Versuch. Darauf deutet der Schluß der *Canzone gegen die Armut*. In der neunten Geschichte des sechsten Tages läßt uns Boccaccio Zeuge werden, wie Guido seine drögen Standesgenossen verspottet. Der Auftritt erinnert nicht wenig an denjenigen Giottos, nur geht dieser Geschichte der heitere Ton ab.

Dennoch würde man die soziale Charakterisierung Giottos im *Dekameron* leicht als bloße Wunschvorstellung abtun, gäbe es nicht zum einen die *Canzone gegen die Armut* und zum anderen Giovanni Villanis Nachricht über die diplomatische Mission des alten Künstlers in Mailand: Der Maler suchte eine an der Oberschicht orientierte Lebensweise dichtend und singend zu verwirklichen, und eine Verantwortung, wie die Zugehörigkeit zur Oberschicht sie mit sich bringen konnte, wurde ihm auch tatsächlich übertragen. Er dürfte nach der Rückkehr aus Neapel also nicht nur populär gewesen sein, sondern muß auch Ansehen als ein Mann von Urteilskraft genossen haben. In den Augen der politischen Entscheidungsträger wird er zur kommunalen Elite gehört haben.

Zu bedenken ist aber nicht nur, inwieweit Boccaccios Giotto-Bild Realität wiedergibt, sondern auch, inwieweit es Realität schuf: Vom *Dekameron* stammt die Erinnerung an die Figur eines geistreich witzigen Giotto, welche die Novellen-Literatur bereicherte und auf diesem Umweg in die Giotto-Biographik Eingang fand. Geschichten wie die, in der Giotto Dante darüber aufklärt, warum er so schöne Bilder male, aber so häßliche Kinder habe («Weil ich bei Tag male, aber ..., wenn es dunkel ist»; Dante-Kommentar des Benvenuto da Imola, ca. 1378), oder die, in der er Freunden gegenüber scherzt, daß er sein Einkommen den Schweinen verdanke, welche die Borsten für die Pinsel liefern (Sacchetti, *Trecentonovelle*, ca. 1390), oder die berühmte von Giottos O, in welcher der Künstler als Probestück seines Könnens schlicht einen vollkommenen Kreis zeichnet und ihn mit geschliffenen Worten den Abgesandten des Papstes überreicht (Vasari, 1568), sind quasi Fortsetzungen des Boccaccio-Textes. Wie gesagt ist an diesem Bild sicher viel historisch Richtiges, aber man muß sich trotzdem eingestehen, daß es ohne das *Dekameron* nicht auf uns gekommen wäre. Alle Bezüge auf Giottos intellektuelle Qualitäten (und seine körperlichen Defizite) hängen von diesem Text ab und sind von Boccaccio und von den Zuspitzungen des Novellenstils kontaminiert. Letztlich ist Panfilos Erzählung *die* Pforte, durch welche die Erinnerung an den Menschen Giotto die Nachwelt erreichte, eine Nachwelt, die dann auf dieser Grundlage und unter gehöriger Beigabe von Ideologie, Mythos, Wunschdenken und Flunkerei jene Giotto-Figur erschuf, die bis heute in der italienischen Bildungswelt und anderswo lebt: den Bauernbub, dessen Künstlerkarriere begann, als ihm Cimabue in Vespignano über die Schulter sah.

11. Giotto-Apokryphen

Zu diesem Giotto, dem Vasari 1568 in der zweiten Auflage der *Vite* seine gültige Gestalt gab, gehört ein weit umfangreicheres Œuvre, als es für die Leser bis hierher absehbar ist. Meine Darstellung ging von jenen Werken aus, die aufgrund von Schriftquellen des 14. bis frühen 16. Jahrhunderts für Giotto in Anspruch genommen werden können. Sie bilden das kritisch gesicherte Giotto-Corpus, und aus ihnen wurde eine breite Auswahl präsentiert. Die Ausnahme, die erläutert werden muß, ist der Freskenkomplex an den östlichen Oberwänden der Oberkirche von San Francesco in Assisi (Abb. 4, 5, 8, 9). Er wurde besprochen, obwohl die Quellenlage mehrdeutig ist. Ghiberti sagt in seiner Giotto-Werkliste über die Kirche: «Giotto hat fast den

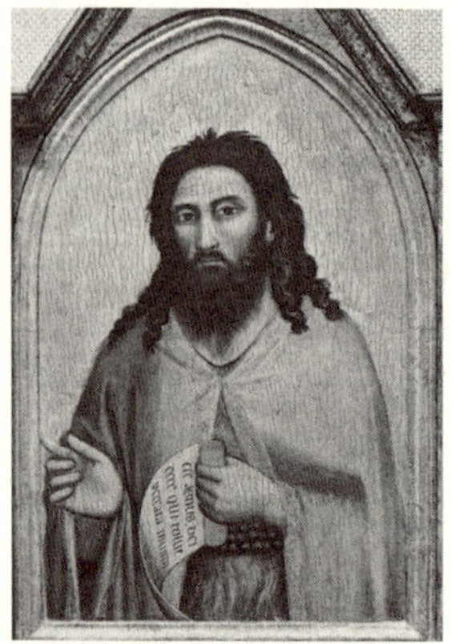

34 Giotto-Schüler, Polyptychon (ca. 1330), Detail: Johannes der Täufer, Raleigh, North Carolina, Museum of Art, Kress Collection

ganzen unteren Teil ausgemalt.» Die Begriffsschärfe in Texten jener Zeit ist gemessen an unseren Ansprüchen gering. «Der untere Teil» kann meinen: die Unterkirche, die Unterwände der Oberkirche oder die eingangsnahen Teile der Oberkirche. Allein die letzte Lesart läßt sich für die Frage nach Giottos Urheberschaft der Isaak-Fresken und der anderen Bilder dort nutzen. Allerdings spricht auch für Giotto, wie markant diese Arbeiten aus ihrem Umfeld in Assisi herausstechen, wie nahe die Figuren gleichzeitig dem für Giotto gesicherten Santa Maria Novella-Kreuz stehen (ein Zusammenhang, der nach der in den Jahren um 2000 erfolgten Restaurierung dieses Werks unabweisbar geworden ist) und schließlich, daß sich aus diesem Vergleich ein plausibler Giotto-Frühstil ableiten läßt, der das Navicella-Mosaik mit umfaßt – jene Malerei der Präsenz, die der Maler dann in Padua hinter sich ließ.

Von den Fresken an den assisianischen Oberwänden abgesehen sind aber alle in diesem Buch angeführten Werke für Giotto durch Quellen belegt, die vor Vasari und überhaupt den Boom der Künstlerbiographik zurückreichen: Signaturen (insgesamt gibt es drei), Verzeichnisse von Stiftungen (besonders ergiebig ist, was das Kapitel von St. Peter über Stefaneschis Patronat festhielt), Reisebeschreibungen und -führer (darunter Francesco Albertinis so knapper wie substantieller Florenz-Führer von 1510, der erste Florenz-Führer überhaupt), Testamente, Chroniken (etwa Riccobaldos Chronik von ca. 1313, die Giottos Paduaner Werke aufzählt) sowie die frühesten Formen erzählter Kunstgeschichte und hier besonders die Werkliste Ghibertis; sie ergänzt die fiktionale Kindheitsgeschichte zu einer kleinen Künstlermonographie (einer Pionierleistung im Genre ‹Leben und Werk›)

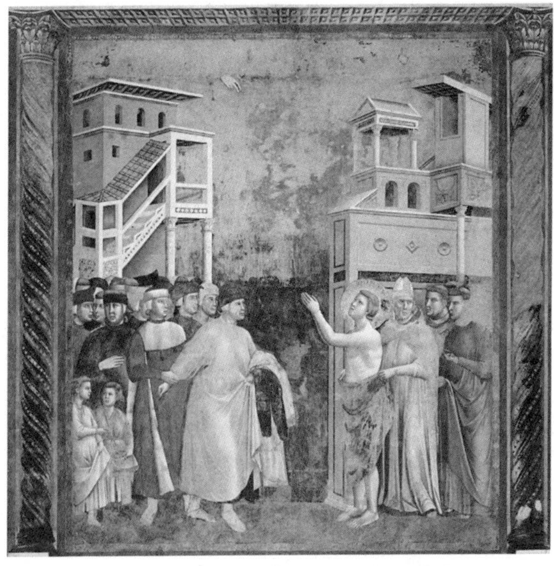

35 Giotto-Schüler, Franziskus sagt sich vom Vater los (ca. 1308–1310), Assisi, Oberkirche, Unterwand des Langhauses

und führt Arbeiten Giottos an rund fünfzehn Standorten in und außerhalb Florenz an.

Als Giotto-Apokryphen bezeichnete Friedrich Rintelen Werke, die dem Maler ohne hinreichende Grundlage zugeschrieben werden und den Charakter seines Schaffens verunklären. Es versteht sich, daß es solche Werke wirklich gibt, denn erstens war die Nachahmung Giottos Jahrzehnte lang ein Rezept der Florentiner Maler, und zweitens sehen seit Jahrhunderten Kunstschriftsteller und -historiker im Zuschreiben an berühmte Künstler den Sinn ihres Tuns. Giottos wirkmächtigster Werkvermehrer war eben Vasari. Unter den Erwerbungen des 20. Jahrhunderts ist der Polyptychon in Raleigh (North Carolina, Abb. 34). Die fünf Heiligenbilder zeigen Physiognomien und eine Malweise, wie Giotto sie verwendete; sie sind sorgfältig gearbeitet und in ihrer Stille schön. Das Retabel stammt einerseits aus Florenz, und es ist nicht unmöglich, daß es aus der Peruzzi-Kapelle kommt, wie zuweilen

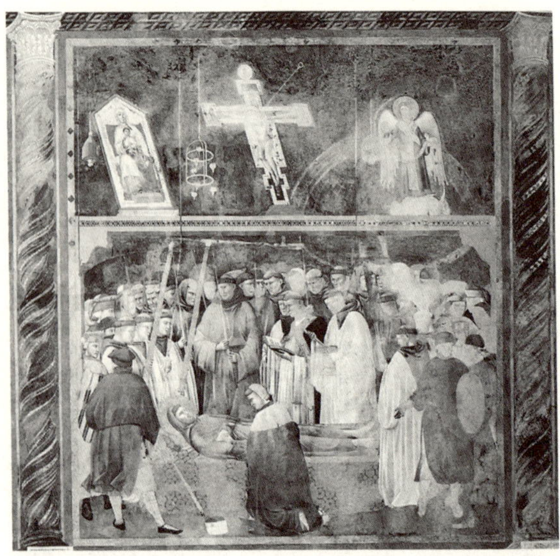

36 Giotto-Schüler, Beweinung des heiligen Franziskus (ca. 1317–1320), Assisi, Oberkirche, Unterwand des Langhauses

vermutet wird. Andererseits ist nichts darüber bekannt, ob die Peruzzi überhaupt einen Altaraufsatz anfertigen ließen, geschweige denn, von wem. Soll man sich wirklich wünschen, daß die Tafeln Werke Giottos sind, um dann sagen zu können, der Meister habe auch den Modus der gepflegten Langeweile beherrscht?

Eine Apokryphe von anderem Kaliber ist der Franziskuszyklus in der Oberkirche von San Francesco in Assisi. Er besteht aus 28 großen Fresken, die Giotto, sofern er sie denn gemalt hätte, wirklich zu einem gewaltigen Propagandisten des heiligen Franziskus machen würden. Das Wort von «fast dem ganzen unteren Teil» wurde häufiger für sie als für die Isaak-Bilder in Anspruch genommen – zuerst von Vasari (der Ghibertis Wendung allerdings noch ein zweites Mal heranzog, und zwar, um Giotto bestimmte Malereien in der Unterkirche zuzuschreiben). Doch die Freskenfolge hat immer auch zu Zweifeln Anlaß gegeben. Neuerdings hat sich herausgestellt, daß sie in zwei Kampagnen entstand, die keineswegs rasch aufeinander gefolgt sein müssen. Die darstellungstechnischen Eigenarten erklären sich am ehesten so: Der Malertrupp der ersten Kampagne (Nordwand, ohne das erste Bild, sowie die zwei Bilder auf der Eingangswand) war zusammengesetzt aus ehemaligen Mitarbeitern Giottos von der Oberwand und solchen aus Padua. Sie hinterließen in den Jahren kurz vor 1310 Fresken, die Giotto-Züge der Zeit um 1295 mit solchen der Zeit um 1305 überblenden. Spätbyzantinische Architekturfiktionen und Präsenzsignale ringen mit der neuen Bildhaftigkeit, wobei das jüngere Konzept sich nicht bruchlos durchsetzt (Abb. 35). Ebenso war der Malertrupp der zweiten Kampagne (Südwand und erstes Bild der Nordwand) von Giotto-Schülern dominiert. Diesen sagte der Frühstil des Meisters (Oberwand) aber nur mehr wenig. An ihrer Seite standen Kräfte, die auch im Umfeld des Pietro Lorenzetti, eines erfindungsreichen Kollegen aus Siena, tätig gewesen waren. So gelangen kurz vor 1320 atemberaubende Massenszenen, die sich in der Kraft der Imagination mit Giotto-Werken messen können und doch anders sind (Abb. 36).

Übrigens gibt es eine naheliegende Erklärung dafür, daß der Franzzyklus mit einer gewissen Verzögerung gegenüber den anderen Fresken in der Oberkirche und in zwei Portionen gleichsam nachgereicht wurde. Er war Teil eines Umgestaltungsprogramms, das aus einer päpstlichen Basilika einen Sakralraum machen sollte, den die Franziskaner (mit)nutzen konnten. Nachdem es immer klarer wurde, daß kaum je ein Papst im provinziellen Assisi residieren und in der Oberkirche zelebrieren würde und nachdem der Pilgerandrang in der Unterkirche, dem eigentlichen Heiligtum, immer mehr zunahm, lag eine Umstrukturierung der Gesamtanlage nahe. Begonnen wurde der Zyklus noch vor der ersten heißen Phase des Armutsstreits im Franziskanerorden. Als es 1310 zu den besonders wütenden Polemiken des Ubertino da Casale gegen Kirchenschmuck kam, dürfte dies die Unterbrechung der Arbeiten nach sich gezogen haben. Die zweite Kampagne fällt dann in die Zeit nach der

Klärung der Situation durch die Bulle *Quorundum exigit* (1317), welche die Extremisten in die Illegalität verwies. Wer den Zyklus in Auftrag gegeben hat, ist unklar, aber es war sicher nicht die Kurie. Die Schüler an den Unterwänden wurden also aus einem anderen Säckel bezahlt als vorher der Meister an der Oberwand.

Insgesamt ist der Franzzyklus in Assisi ein wichtiges Werk. Er popularisierte die Bildsprache des Malers ebenso erfolgreich wie das Wirken des Heiligen. Aus dem Nachleben des einen wie des anderen sind die Bilder nicht wegzudenken, aber sie geben die Intentionen beider gebrochen wieder: Giottos Kunst tritt in bearbeiteter Form auf, nämlich so, wie verschiedene Generationen seiner Schüler seine einander ablösenden Bildkonzepte nutzten und schließlich in eine weiter ausladende Synthese integrierten. Wären die 28 Bilder hingegen wirklich von ihm selbst und kurz nach den Fresken an der Oberwand entstanden (so eine gängige Auffassung) – seine Kunst wäre eine Sturzgeburt gewesen. Sie hätte die Möglichkeiten der italienischen Malerei der ersten Hälfte des 14. Jahrhunderts fertig mit ausgeworfen. Je nachdem also, ob man in dem Zyklus ein Giotto-Werk oder eine Apokryphe sieht, erscheint Giottos Erneuerung der Malerei als durch Lern- und Entwicklungsprozesse geformt oder als ein Urknall. Es ist also keineswegs nebensächlich, ob man bestimmte Werke Giotto oder seinen Nachahmern zuschreibt. Angesichts der Bedeutung des Malers für unsere visuelle Kultur kann es sich sogar um eine Frage von geradezu weltgeschichtlicher Tragweite handeln.

12. Giottos Jahrtausend

Nachdem das Magazin *Time* seit 1927 immer einen Mann, eine Frau oder eine Idee des Jahres gekürt hatte, bot es sich an, am 31. Dezember 1999 mit einem Mann, einer Frau oder einer Idee des Jahrhunderts aufzumachen. Die Wahl fiel auf Albert Einstein. Galionsfiguren erhielten aber auch die anderen Jahrhunderte des zu Ende gehenden Millenniums. Das 14. Jahrhundert repräsentierte Giotto. Allerdings klingt die Begründung nach einem Fehlgriff: Weder hat er in seinen Bildern den Goldgrund durch Wiesen und durch Häuser, wie seine Zeitgenossen sie bauten, ersetzt, noch Madonnen und Heilige gemalt, als seien sie Leute von der Straße. Und selbst wenn: Wären das Leistungen einer Jahrtausendgestalt?

Die Time-Redaktion gab ein spätes Echo auf die in Panfilos Geschichte im *Dekameron* zuerst formulierte und ein Jahrhundert danach – zusammen mit dem Arkadischen und dem Messianischen – im Bild des zeichnenden Hirtenknaben allegorisierte Auffassung, Giottos Beitrag zu unserer Kultur sei die generelle Öffnung der Malerei zur Natur gewesen. «Er hat die natürliche Kunst aufgebracht», so Ghiberti. In der Tat gibt es Gründe anzunehmen, die Bildproduktion der Jahrhunderte davor habe nicht auf die Wiedergabe von Natur oder Wirklichkeit gezielt. Eher ging es um die Herstellung von bildlichen Zeichensystemen aus in anderen Systemen (d. h. in anderen Bildern) vorgefundenen Komponenten, denen man ihre Künstlichkeit ansehen durfte. So kamen die Betrachter nicht in Versuchung, statt zu den bildlich bezeichneten Heiligen zu den Bildern selbst zu beten – eine von den Erinnerungen an die antiken Kulte genährte Schreckvorstellung. Demgegenüber sieht man heute in einem Bild normalerweise etwas ganz anderes, nämlich einen dauerhaft gemachten, rechteckig begrenzten Blick in die Welt. Mit anderen Worten: Paradigma des Bildes ist für uns nicht das Zeichen, sondern das Foto – die chemisch fixierte Lichtspur einer realen Situation. Allerdings beginnt diese Vorstellung fragwürdig zu werden. Die digitalen Bilder (man denke an Computerspiele oder Animationsfilme) entstehen nicht mehr zwingend als Naturabklatsche, sondern häufig als Pixel-Basteleien und damit nicht unähnlich denen des Mittelalters. Die für uns so gewohnte Idee des abbildenden Bildes scheint eine durchaus historisch gebundene zu sein. Wenn *Time* konkrete Gegenstände wie zeitgenössische Häuser und Leute von der Straße als Giottos Bildgegenstände benannte, so lag das wohl auch an dem während der letzten eineinhalb Jahrhunderte des vergangen Jahrtausends alleinherrschenden fotografischen Paradigma.

Andererseits: Darf dieses Paradigma abgelöst von Giotto gesehen werden? Als visuelle Darstellungstechnik fällt das fotografische Verfahren in einen Bereich, zu dem unser Maler, ein halbes Jahrtausend bevor Louis Daguerre und William Henry Fox Talbot ihre Erfindung machten, viel beigetragen hat. Was geschah in der Zwischenzeit? Voraussetzungen der Fotografie sind neben der Beherrschung chemischer Prozesse bestimmte optische Geräte wie die Camera obscura, die – entwickelt zum Zweck der astronomischen Beobachtung – seit dem mittleren 16. Jahrhundert als Hilfsmittel für Künstler im Gebrauch war. Solche Geräte produzierten flache Abbilder aus Lichtreflexen, die mit dem Zeichenstift fixiert wurden, um dann übertragen und in beliebige Zusammenhänge eingearbeitet zu werden. Der britische Maler David Hockney hat in seinem Buch *Geheimes Wissen* (2001) den Gerätefundus seiner frühneuzeitlichen Kollegen und die Bedeutung für ihre Kunst untersucht und damit geradezu ein Tabu gebrochen: Es stellte sich heraus, in welchem Ausmaß die europäische Malerei ab spätestens dem 16. Jahrhundert schon auf eine Technologie des Abbildens zurückgriff.

Die Voraussetzung wiederum für den Einsatz der Camera obscura und der anderen Geräte in der Malerei war die Perspektive. Aus dem fotografischen Zeitalter rückblickend neigen wir dazu, (zentral)perspektivisch konstruierte Bilder «richtig» zu nennen. Tatsächlich verhält es sich aber umgekehrt so, daß unsere Vorfahren die Bilder der Camera obscura und der frühen Fotoapparate deshalb als adäquat akzeptierten (und ihre Nachkommen darauf trainierten), weil sie die Konvention Perspektive verinnerlicht hatten, eine Konvention, die – dessen muß man sich bewußt sein – nicht frei von wirklichkeitsfremden Zügen ist. Gesunde Menschen blicken mit zwei Augen, und ihr Gehirn führt zwei aus mehr oder weniger unterschiedlichem Blickwinkel aufgenommene Bilder, die auf halbkugeligen Netzhäuten in nach außen abnehmender Schärfe und Helligkeit entstehen, zu einem räumlich flexiblen, am Rand verschwimmenden Gebilde zusammen; demgegenüber arbeitet die Perspektive – und

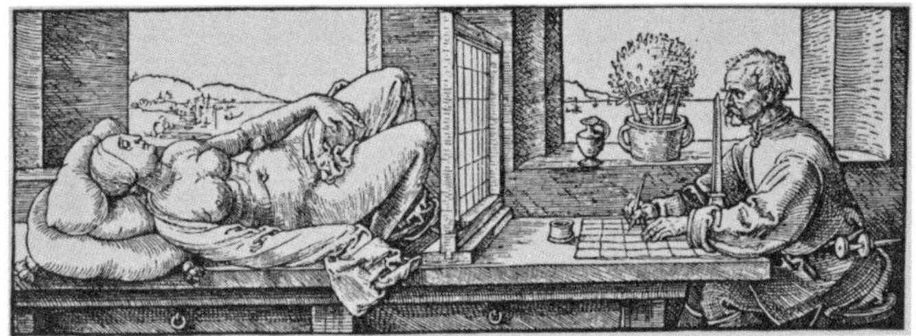

37 Albrecht Dürer, Holzschnitt aus «Unterweysung der Messung» (veröffentlicht 1525)

ebenso die Fotografie – mit *einem* «Auge» und einem Bildschirm von eindeutig begrenzter Ausdehnung, auf dem stereometrische Verhältnisse in der Fläche fixiert erscheinen. Letztlich handelt es sich bei der Perspektive um ein geometrisches Regelwerk, das mit kalkulierbarem Aufwand etwas mehr schlecht als recht Blick-Ähnliches hervorzubringen erlaubt.

Bekanntlich wurde die Perspektive im Florenz des frühen 15. Jahrhunderts von dem Goldschmied, Bildhauer und Architekten Filippo Brunelleschi und dem Maler Masaccio entwikkelt. Es ist nicht uninteressant zu wissen, daß der eine Giottos Nachfolger im Amt des Dombaumeisters war und der Stil des anderen Giottos Peruzzi-Fresken viel zu danken hat. Der Funktion nach schwankte das perspektivische Verfahren von Anfang an zwischen einer Konstruktions- und einer Reproduktionstechnik. Konstruktionstechnik meint: Die Perspektive half *erfinden*. Kaum anders als die Maler in den Jahrhunderten davor hat ein Masaccio seine Bilder als sinnhaltige Systeme erdacht, ohne daß ihm reale Situationen vor Augen gestanden hätten; der diesen Konstrukten unterlegten Perspektive fiel die Aufgabe zu, Glaubwürdigkeit herzustellen. Reproduktionstechnik meint: Die Perspektive hilft *wiedergeben*. Brunelleschis Prototypen perspektivischer Darstellungen waren Ansichten von Florentiner Bauwerken. Ein Holzschnitt aus Albrecht Dürers Traktat *Underweysung der Messung* (erschienen 1538) illustriert die reproduzierende Funktion (Abb. 37). Über die Spitze des Modell-

Obelisken peilt der Zeichner an, was hinter bzw. auf einer Art durchsichtiger Fläche von einer Situation sichtbar ist. Sein Blick wird so reguliert, daß er der Darstellungstechnik Perspektive mit ihren typischen Elementen Augenpunkt, Blicklinien («Sehstrahlen») und Bildfläche entspricht. Solche Bereitschaft, die Wirklichkeit der Regel anzupassen, bahnte den optischen Verfahren, die zur Fotografie führten, den Weg.

Welchen Gegebenheiten aber antwortet die Erfindung der Perspektive? Mit dieser Frage sind wir bei Giotto selbst angekommen. Bestimmte in seinen Bildern aufgeworfene Schwierigkeiten wurden durch die Perspektive einer Lösung zugeführt, bestimmte dort gefundene Lösungen machten die Entwicklung der Perspektive überhaupt möglich. Mit letzterem ist in erster Linie die Fiktion der Bildebene angesprochen. Wie wir sahen, tritt sie bei Giotto erst in einer zweiten Phase seiner Arbeit an der Räumlichkeit auf, nämlich in den Szenen der Arena-Kapelle: eine «gefühlte» Glasscheibe zwischen Bild- und Betrachterwelt, hinter welche sich der Raum und die Bildgegenstände zurückziehen. Der Humanist Leon Battista Alberti war in seinem Malereitraktat (1435/36) der erste, der das in der Nachfolge Giottos zur Regel gewordene Phänomen mit Worten beschrieb; er verwendete dabei den Begriff *velum* («Schleier»). Wie durch eine Scheibe oder einen Schleier also sehen wir, was in den Bildern geschieht. Alternativ läßt sich sagen, allein auf dem Velum, das sich Alberti als mit dem vom Rahmen begrenzten Bildträger identisch vorstellt, zeichnet sich ab, was im Bild vorhanden ist. Die mit den Arena-Fresken in die Malerei eingeführte transparente Trennwand zwischen gemalter und Betrachterwelt ist eine zentrale Voraussetzung für die Bildfläche in der Perspektive, für den Bildschirm in Dürers Geräteanordnung sowie für die Akzeptanz der flächig räumlichen Bilder auf der Mattscheibe von Camera obscura und Fotokamera.

Zu Giottos Schwierigkeiten gehörte die Festlegung der Ansichtigkeit. Seine spätbyzantischen Anreger hatten die Projektion weitgehend regellos gehandhabt (Abb. 3): Sei es in eine Tiefe hinein, sei es aus ihr heraus, verlaufen die Linien, die Objektkanten angeben, in Gruppen schräg; ein übergreifendes System ihrer Ausrichtung gibt es nicht. So erleben wir die Gegenstände teils von oben, teils von unten, von links oder von rechts zwar zwingend körperlich, die Szenerie und unser Verhältnis zu ihr ist im ganzen jedoch diskontinuierlich. In den Isaak-Fresken wird durchgreifender als je zuvor eine Regulierung versucht, in den Arena-Bildern ist sie weitgehend durchgesetzt (Abb. 8, 9, 10, 16). Die Position des Betrachters im Verhältnis zu den Dingen scheint jetzt festgelegt und von ihr her ordnet sich deren Erscheinen. Man kann auch sagen: Die Projektion ist auf ein Zentrum hin vereinheitlicht und fixiert auf diese Weise die Position des Betrachters.

Häufig wird gefragt, ob Giotto auf Erkenntnisse der im arabischen Raum weit entwickelten Wissenschaft von der Optik zurückgegriffen hat. Einschlägig wäre vor allem die Lehre, daß die jeweils sichtbare Seite eines Gegenstandes mit dem Auge durch Strahlen verbunden ist, die Form der Sichtbarkeit der Objekte sich also von der betrachtenden Instanz her ordnet – eine Einsicht, die sich damals unter den christlichen Gelehrten schon durchgesetzt und auch einen Dante erreicht hatte. Konkrete Hinweise auf eine Teilhabe Giottos am optischen Diskurs fehlen jedoch. Solche Hinweise wären etwa Konstruktionslinien in den Bildern oder Konstruktionsanleitungen im *Libro dell'arte* von Giottos Urenkelschüler Cennino Cennini, der dort mit allem möglichen auf Giotto zurückgehenden *know how* prahlt, aber über Optik kein Wort verliert. Die Annahme liegt nahe, Giotto habe mit der fixen und aus der Szenerie herausverlegten («voyeuristischen») Betrachterposition eine primär ästhetische Entscheidung getroffen – keine einsame im übrigen, sondern eine, die Pietro Cavallini vorbereitet hatte. Von ihr als Prämisse ausgehend trieb Giotto in seinem ureigenen Medium, der Malerei, und mit Hilfe des ihm zur Verfügung stehenden Motivmaterials dann eigene Experimente: Er beobachtete seine Seherlebnisse und glich die Eindrücke nach dem Grundsatz von *trial and error* mit den Vorlagen ab. Wichtig für die Zukunft war, daß die empirisch erarbeiteten Einzelresultate von den generalisierenden Erkenntnissen der wissenschaftlichen Optik strukturbedingt nicht weit entfernt lagen. Daher konnte dann im frühen 15. Jahrhundert die schwierige Tätigkeit der Selbstbeobachtung durch die Regel vom Fluchtpunkt ersetzt werden: Alle in die Tiefe führenden parallelen Linien werden auf einen Punkt zugeführt, der vom angenommenen Betrachterauge vor dem Bild abhängt, genauer: der als dessen Spiegelung in der Glasscheibe oder im Velum konstruiert ist. So hat Giotto die Perspektive zwar nicht erfunden, doch waren es seine Bilder, welche die Anwendung der Optik und die Entwicklung eines auf sie gestützten Regelwerks in der Malerei schließlich provoziert haben.

Und so wenig Giottos Parallelwelten perspektivisch entworfen sind, so wenig sind sie mit dem Anspruch geschaffen, Wirklichkeit zu reproduzieren. Tatsächlich ging es wie gezeigt um pseudomystisches Erleben – die Herstellung von Alternativwirklichkeiten, in welche sich die Betrachter mitfühlend hineindenken können. Das hinderte aber nicht, förderte vielleicht sogar, daß Giottos Bilder und ihre Folgewerke als visuelle Funktionen der Realität wahrgenommen und in diesem Sinn weiterentwickelt wurden. Sobald dann die Perspektive Verwendung fand, lag die Vorstellung einer reproduktiven Funktion von Malerei unabweislich in der Luft. Es war Giottos Bildlichkeit, welche um 1300 die Weichen hin auf das ab dem mittleren 19. Jahrhundert gültige Paradigma stellte, das lautet: Das Bild bezieht sich in einer optisch nachvollziehbaren (und chemisch fixierbaren) Weise auf etwas physisch Existierendes. Damit gilt gleichzeitig: Physische Wirklichkeit kann bildlich-optisch erschlossen und mit diesen Mitteln sogar gemessen, d. h. in Information umgewandelt werden (ein Aspekt, über den bereits der Titel des Dürerschen Traktats spricht). Das Gebiet der angewandten Optik aber, das von Meßverfahren über Planzeichnungen bis zu Fotografie und Film reicht, gehört zu den Merkmalen der europäischen Technologie und Kultur und hat zu ihrer globalen Rolle viel beigetragen. Ohne Giotto – in der Tat eine Jahrtausendgestalt von Einsteinschem Rang – sähe also nicht nur die Geschichte der europäischen Kunst anders aus, sondern auch die heutige Zivilisation.

Weiterführende Literatur

La Basilica di San Francesco in Assisi, hrsg. von G. Bonsanti, Modena 2002; H. Belting, Die Oberkirche von S. Francesco in Assisi. Ihre Dekoration als Aufgabe und die Genese einer neuen Wandmalerei, Berlin 1977; P. Burke, Die Renaissance in Italien. Sozialgeschichte einer Kultur zwischen Tradition und Erfindung, München 1988; La Cappella degli Scrovegni a Padova, hrsg. von D. Banzato, G. Basile u. a., Modena 2005; Cennino Cennini, Il libro dell'arte, hrsg. von F. Brunello, Vicenza 1982; A. Conti, Der Weg des Künstlers. Vom Handwerker zum Virtuosen, Berlin 1998; S. Y. Edgerton, Giotto und die Erfindung der dritten Dimension. Malerei und Geometrie am Vorabend der wissenschaftlichen Revolution, München 2003; Lorenzo Ghiberti, I Commentarii, hrsg. von L. Bartoli, Florenz 1998; Giotto e il Trecento. Il più Sovrano Maestro stato in dipintura, Ausstellungskatalog (Rom), hrsg. von A. Tomei, Mailand 2009; Th. Hetzer, Giotto. Grundlegung der europäischen Kunst (Schriften Theodor Hetzers, Bd. 1, hrsg. von G. Berthold), Stuttgart 1981; D. Hockney, Geheimes Wissen. Verlorene Techniken der Alten Meister wieder entdeckt, München 2001; M. Imdahl, Giotto – Arenafresken. Ikonographie, Ikonologie, Ikonik, München 1980; L. Jacobus, Giotto and the Arena Chapel. Art, architecture and experience, London und Turnhout 2008; W. Kemp, Die Räume der Maler. Zur Bilderzählung seit Giotto, München 1996; B. Kempers und S. de Blaauw, Jacopo Stefaneschi, Patron and Liturgist. A new hypothesis regarding the date, iconography, authorship and function of his altarpiece for Old Saint Peter's. In: Mededeelingen van het Nederlands Instituut te Rome 47, N. S. 12, 1987, S. 83–113; B. Kleinschmidt, Die Wandmalereien der Basilika San Francesco in Assisi, Berlin 1930; M. Meiss, Giotto and Assisi, New York 1960; S. Morpurgo, Un affresco perduto di Giotto nel Palazzo del Podestà di Firenze, Florenz 1897; W. Paatz, Die Gestalt Giottos im Spiegel einer zeitgenössischen Urkunde. In: Eine Gabe der Freunde für Carl Georg Heise zum 28.VI.1950, hrsg. von E. Meyer, Berlin 1950, S. 85–102; W. Paeseler, Giottos Navicella und ihr spätantikes Vorbild. In: Römisches Jahrbuch für Kunstgeschichte 5, 1941, S. 49–162; A. Pinkus, Voyeuristic Invitations. Seeing and hearing in the Arena Chapel. In: Wiener Jahrbuch für Kunstgeschichte 59, 2010; J. Poeschke, Wandmalerei der Giottozeit in Italien 1280–1400, München 2003; G. Previtali, Giotto e la sua bottega, 3. Aufl., Mailand 1993; F. Rintelen, Giotto und die Giotto-Apokryphen, 2. Aufl., Basel 1923; M. V. Schwarz und P. Theis, Giottos Leben (Giottus Pictor, Bd. 1), Wien 2004; M. V. Schwarz, Giottos Werke (Giottus Pictor, Bd. 2), Wien 2008; M. V. Schwarz, Die Mosaiken des Baptisteriums in Florenz. Drei Studien zur Florentiner Kunstgeschichte, Köln 1997; I. B. Supino, Giotto, Florenz 1920; H. Thode, Franz von Assisi und die Anfänge der Kunst der Renaissance in Italien, 2. Aufl., Berlin 1904; Giorgio Vasari, Le Vite de'più eccellenti pittori, scultori e architettori nelle redazioni del 1550 e 1568, Text hrsg. von R. Bettarini, Kommentar von P. Barocchi, Bd. 1 ff., Florenz 1966 ff.; M. Wackernagel, Der Lebensraum des Künstlers in der Florentinischen Renaissance, Leipzig 1938; B. Zanardi, Il cantiere di Giotto: Le storie di san Francesco ad Assisi, Mailand 1996

Werkregister

Bildnachweis

Foto LENSINI, Siena, Opera della Metropolitana, aut. n. 292/09: 31; Musei Civici di Padova: 6, 10, 11, 13, 14, 15, 16, 17, 18, 19, 21; Musei Vaticani, Rom: 2, 29, 30, 32, 33; Scala Art Archive, Florenz: 7, 8, 9, 23, 24, 25 (©1990. Fondo Edifici di Culto – Min. dell'Interno), 27, 28; Antonio Quattrone, Florenz: 22; Archiv des Verfassers: 1, 3, 4, 5, 12, 20, 26, 34, 35, 36, 37